Dirk Holterman, Harald Herzog, Ernst F. Mosdz

Die Bonner Burgenrunde

Radeln zwischen Rhein und Eifel

Danksagung: Der Verlag dankt besonders für die freundliche Unterstützung dieses Buches durch den Westdeutschen Rundfunk – Studio Köln, die Rhein-Voreifel-Touristik e.V., den Rhein-Sieg-Kreis, Tourismus & Congress GmbH, Region Bonn, die Stadt Bonn – Amt für Wirtschaftsförderung, die Stadt Brühl sowie die an diesem Buch beteiligten Kommunen und Unternehmen.

Kartenmaterial: Die topographischen Karten im Maßstab 1:50.000 wurden vom Landesvermessungsamt NRW in Bonn zur Verfügung gestellt. Bearbeitet von Dirk Holterman, Meckenheim

Bildnachweise: Dirk Holterman: alle Abbildungen, außer Michael Sondermann – Presseamt der Bundesstadt Bonn S. U1r, 7, 9, 12r, 14, 17, 18l, 18r, 19l, 19r, 20, 21, 22, 23, 24, 48, 110, 113l, 113r, 117, 119lu, 119ro, U4u; Heinz Contzen S. 12l, 13l, 37, 39, 40, 53, 54, 59, 65, 67, 69, 100; Felix von Canstein S. 99l; Waltraud Engels S. 31r; Brigitte Freericks – Fotoarchiv der Stadt Brühl S. 31l; Greve S. 95l; Doris Hardt S. 28; Marie-Luise Sobczak S. 32; Stadthistorische Bibliothek Bonn S. 119r. Die Abbildungen S. U4o, 10, 35r, 63, 119lo, 107l, 107r, 44, 49, 51, 93, 104, 108l, 108r, 109l, 109o, 109u, 103 wurden dem Verlag freundlicherweise von den beteiligten Kommunen und Unternehmen zur Verfügung gestellt.

Gesamtherstellung: Bouvier Verlag, Bonn, in Zusammenarbeit mit der Rhein-Voreifel-Touristik e.V.
Redaktionelle Mitarbeit: Eva Konrath – RVT, Birgit Cremers – T&C, Martin Stratenwerth

Satz & Layout: Medien - Print and More, Mayschoß
Druck: Krupp-Druck GmbH, Sinzig

ISBN 3-416-03065-6

Grußwort

Das Er-Fahren unserer Landschaft zwischen Rhein und Eifel, zwischen Wald und Wasser, zwischen Poppelsdorfer Schloß und Schloß Augustusburg, mit vielen bekannten oder auch noch unbekannten touristischen Attraktionen macht Freude. Es bringt Menschen, die hier wohnen, mit Besuchern auch aus anderen Regionen einander näher. Sie lernen eine Landschaft kennen, die über Jahrhunderte durch die Kurfürsten geprägt, heute von der Landwirtschaft bestimmt wird. Nicht umsonst sprechen wir vom Vorgarten Nordrhein-Westfalens.

Insgesamt wurden über 200 km Radwege mit vielen landschaftlichen oder kulturhistorischen Attraktionen miteinander verbunden. An verschiedensten Stellen besteht auch die Möglichkeit, weitere Radwegeverbindungen wie die Wasserburgen-Route, den Erlebnisweg Rheinschiene, den Erft-Radweg oder den Siegtal-Radweg zu nutzen.

Radfahren und Radwandern gewinnt als ökologisch und volkswirtschaftlich sinnvolle Alternative zum motorisierten Freizeitverkehr durch die ständig wachsende Freizeit des Einzelnen immer mehr an Bedeutung. Wer in die Pedale tritt, hat mehr vom Leben. Es ist der Naturgenuss, das intensive Erleben der Landschaft, das dem Radfahren solch besonderen Reiz verleiht und zu einem Mehr an Lebensqualität verhilft.

Der reizvolle Wechsel zwischen den hochrangigen Kulturangeboten der ehemaligen Hauptstadtregion und der ländlichen Idylle des Umlandes liefert Ihnen Ideen für interessante Radtouren. Sie führen überwiegend über Rad- und verkehrsarme Wirtschaftswege. Hier haben Sie Zeit zum Entspannen und können dabei die Natur und die Geschichte unserer Region entdecken.

Wir wünschen Ihnen, dass Sie immer häufiger Ihr Auto stehen lassen, sich aufs Rad schwingen und dabei einen schönen Urlaubstag zu Hause verbringen. In diesem Sinne heute, aber nicht nur heute, gute Fahrt, mit möglichst vielen schönen Eindrücken.

Michael Kreuzberg
Bürgermeister
Stadt Brühl

Bärbel Dieckmann
Oberbürgermeisterin
Stadt Bonn

Frithjof Kühn
Landrat
Rhein-Sieg-Kreis

Radeln auf der Bonner Burgenrunde

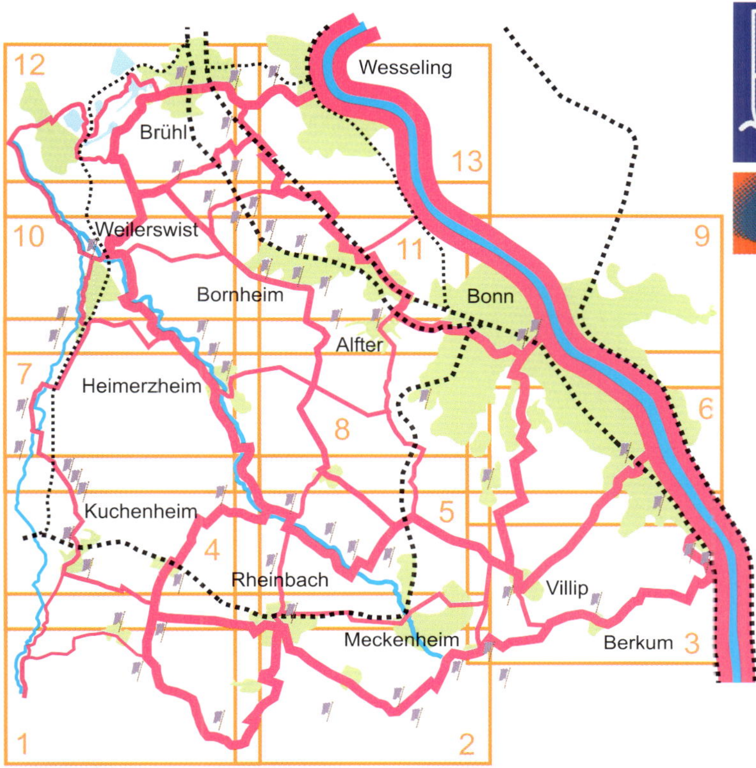

Die ***Bonner Burgenrunde*** verläuft überwiegend auf der mit Schildern gegen den Uhrzeigersinn bereits ausgeschilderten ***Wasserburgen-Route***. In der anderen Richtung markieren Aufkleber den Weg. Ebenfalls ausgeschildert ist der Abschnitt der ***Römischen Wasserleitung*** zwischen Lüftelberg und Brühl. Die restlichen Routenabschnitte der ***Bonner Burgenrunde*** sollen ebenfalls ausgeschildert werden. Der ***Erlebnisweg Rheinschiene*** hat ein eigenes Beschilderungssystem. Ein Großteil der Wege ist seit 2004 mit den roten Wegweisern des ***landesweiten Radwegenetzes*** ausgezeichnet. An dieser Stelle sei aber ausdrücklich darauf hingewiesen, dass nicht alle in diesem Buch aufgeführten Abkürzungen und Querverbindungen mit Schildern versehen sind.

Die **Karten 1 - 13 auf den Seiten 77 bis 89** geben einen genauen Überblick und ermöglichen eine individuelle Streckenwahl.

Bitte respektieren Sie, dass die Burgen Privatbesitz sind, und beachten Sie die aufgestellten Hinweisschilder und entsprechenden Verordnungen in Natur- und Landschaftsschutzgebieten. Bitte nehmen Sie Rücksicht auf Fußgänger und Wanderer auf den nicht immer ausreichend breiten Wegen!

Inhalt

5. Etappe: 32 km, von Meckenheim durch den Kottenforst über Bornheim nach Brühl Seite 91

Sie gilt als das größte römische Bauwerk nördlich der Alpen, die römische Wasserleitung. Sie brachte einst frisches Eifelwasser über knapp 100 km von Nettersheim nach Köln. Etappe 5 begleitet dieses imposante und in Teilen noch sichtbare Bauwerk von Meckenheim-Lüftelberg aus durch den Kottenforst und dann entlang des Vorgebirges über Bornheim bis nach Brühl.

6. Etappe: 23 km, von Heimerzheim durch den Kottenforst über Alfter nach Bonn Seite 101

Den Kölner Kürfürsten war er ein reines Vergnügen – der Kottenforst. Viele Wege, wie auch die Verbindung von Heimerzheim über den Villerücken nach Alfter, waren nur für die Jagd angelegt worden. Die langen geraden Alleen durch den Wald sind heute gern frequentierte Wander- und Radwege. Auf dem abschließenden Teilstück nach Bonn geht es durch die Ortschaften Dransdorf, Endenich und Poppelsdorf zum Rhein.

7. Etappe: 19 km, von Wachtberg durch den Kottenforst nach Bonn Seite 111

Wer auf der Etappe 3 den Töpferort Adendorf erreicht hat, der kann von hier aus, als Alternative, auf einem direkten Weg nach Bonn fahren. Statt über Berkum, den Rodderberg und Bad Godesberg steht hier eine angenehme Fahrt durch den Kottenforst bevor. Das anschließende Melbbachtal führt hinunter in die Rheinebene und am Poppeldorfer Schloß vorbei zum Alten Zoll.

8. Etappe: 26 km, von Bonn über Alfter und Bornheim nach Brühl Seite 121

Die Kurfürsten hatten seinerzeit eine direkte Verbindung zwischen dem Poppelsdorfer Schloß und Schloß Brühl angelegt. Davon ist heute auf den ersten Blick kaum noch etwas zu erkennen, denn auf diesem alten Weg verläuft heute zu einem Großteil die Trasse der Eisenbahn. Diese burgenreiche Etappe folgt den Radspuren der Kurfürsten durchs Vorgebirge über Alfter, Roisdorf, Bornheim, Sechtem und Schwadorf nach Brühl.

Die Autoren:

Dr. Dirk Holterman studierte in Bonn Biologie und kam 1984 zum Journalismus. Seit dieser Zeit berichtet er vornehmlich für den WDR aus dem Rheinland. Seine Schwerpunkte: Politik, Landwirtschaft, Umwelt und Tourismus. Neben wissenschaftlichen Publikationen veröffentlichte er mit den Co-Autoren Holger A. Dux, Harald Herzog und Ernst F. Mosdzien verschiedene Radbücher im Bouvier Verlag Bonn. „Die Wasserburgen-Route“ (1998) ist in Zusammenarbeit mit dem WDR im Wienand Verlag, Köln, Bücher zum Thema „Delikatessen am Wegesrand“ sind zusammen mit Dr. Brigitte Klemme und dem WDR bei Mädler, Dresden, erschienen (www.un-kraut.de).

Dr. Harald Herzog, promovierte 1979 in Kunstgeschichte und wohnt heute im Kreis Euskirchen. Der ausgewiesene Spezialist für rheinischen Burgen- und Schlossbau ist beim Rheinischen Amt für Denkmalpflege in Brauweiler beschäftigt. Er ist Autor zahlreicher Publikationen zum Thema, u.a. „Denkmaltopographie der Stadt Zülpich“, „Rheinische Schlossbauten im 19. Jahrhundert“, „Burgen und Schlösser im Kreis Euskirchen“, und organisierte die Restaurierung von Schloß Miel (Rhein-Sieg-Kreis) und die dort 2000 durchgeführte Sonderausstellung „Der Riss im Himmel“.

Ernst F. Mosdzien (†), langjähriger Redakteur beim Bonner General-Anzeiger, berichtete seit 1960 über die Entwicklung der Städte und Gemeinden in der Voreifel. Er war ein ausgezeichneter Kenner der Region mit exklusivem Detailwissen, das sich auch in diesem Buch niederschlägt. Ernst F. Mosdzien war auch Co-Autor der ***Rheinbacher Burgenrunde***, des weiter erhältlichen Vorgängerbuches der ***Bonner Burgenrunde***.

Die Region Bonn/Rhein-Sieg

Aufgrund ihrer Lage am Rhein, einer der großen europäischen Völkerstraßen, hat die Region Bonn eine lange und wechselvolle Geschichte. Auf dichtem Raum entstand eine reiche Kulturlandschaft. Kein Wunder, dass die Region Bonn im 19. Jh. ein beliebtes Reiseziel wurde. Eisenbahnen und Dampfschiffe brachten eine große Zahl von Touristen an den romantischen Rhein. Und bis heute haben die Bundesstadt und der sie umgebende Rhein-Sieg-Kreis nichts an Attraktivität für Urlauber und Ausflügler verloren. Mag es linksrheinisch ein wenig ruhiger zugehen als in den Weinorten am Fuße des Siebengebirges, so gibt es doch zwischen Voreifel und Brühl, Rhein und Ville vieles zu entdecken.

In der hügeligen Voreifel werden die Flächen intensiv landwirtschaftlich genutzt. Rund um Meckenheim liegt das größte geschlossene Obstanbaugebiet Nordrhein-Westfalens, auch Baumschulen und Rosenzuchten prägen das Bild. Die vom Rhein ansteigende Terrassenlandschaft der Köln-Bonner Bucht ist sehr fruchtbar, vor allem werden feine Gemüse und edles Obst angebaut. Nicht umsonst haben Bornheimer Spargel, Meckenheimer Äpfel oder Alfterer Brombeerwein einen guten Ruf.

Parallel zum Rhein erhebt sich von Meckenheim im Süden bis Grevenbroich im Norden der Höhenrücken der Ville. Im südlichen Teil ist der Boden für den Ackerbau ungünstig, ähnlich wie im sumpfigen Kottenforst im Bonner Süden. Daher dominieren hier seit alters her große Waldgebiete, die den Kölner Erzbischöfen und Kurfürsten als Jagdrevier dienten. Clemens August, der Bonn zur barocken Residenz ausbaute und in Brühl seine Sommerresidenz errichten ließ, favorisierte im Kottenforst die Parforcejagd zu Pferde. Dafür ließ

er sternförmig breite Schneisen in den Wald schlagen. Heute sind Kottenforst und Ville Naturpark, und über die Jagdschneisen spurten Radler und Inline-Skater.

Doch nicht nur Clemens August frönte der Baulust. Die Region besitzt eine ganze Reihe idyllischer Wasserburgen. Sie wurden im 13./14. Jh. vom lokalen Adel angelegt, der es wegen territorialer Zwistigkeiten vorzog, sich durch Wassergräben und Zugbrücken zu schützen. Doch letztlich erwiesen sich Wasserhindernisse wie Bergkuppen gleichermaßen als wenig hilfreich, wie das Schicksal der Godesburg beweist. Die Festung wurde 1210 als eine der ersten Höhenburgen am Rhein auf einem Basaltkegel vom Kölner Erzbischof Dietrich von Hengebach errichtet und diente ihm und seinen Nachfolgern als bevorzugter Aufenthaltsort. Bis 1583 während des Truchsessischen Krieges – Folge einer wahrhaft explosiven Mischung von Politik, Religion und Liebe – mit Hilfe von 1500 Pfund Pulver der größte Teil in die Luft flog.

Rhein-Sieg-Kreis

Der linksrheinische Teil des Rhein-Sieg-Kreises mit seinen 6 Städten und Gemeinden erstreckt sich zwischen den Großstädten Köln und Bonn. Trotz der Bevölkerungszunahme in den letzten Jahrzehnten und einer positiven wirtschaftlichen Entwicklung legt der Rhein-Sieg-Kreis großen Wert auf den Erhalt seiner landschaftlichen Schönheiten.

So befindet sich der Großteil der linksrheinischen Kreisfläche in Naturparks. Neben dem Naturerlebnis bietet der Rhein-Sieg-Kreis viele kulturelle Sehenswürdigkeiten. Zahlreiche Burgen, Stadtmauern und gut restaurierte Schlösser sowie die Ausstellungen in den vielen Museen sind Zeugnisse einer bewegten Vergangenheit.

Neben der Rheinebene in Bornheim gehören das Vorgebirge in Alfter, die flache Bördelandschaft der Voreifel in Meckenheim und Rheinbach sowie das Drachenfelser Ländchen zum linksrheinischen Kreisgebiet. Durch die unterschiedlichen Landschaften ergeben sich auch für Radfahrer vielfältige Möglichkeiten: vom gemütlichen Radeln entlang von Flüssen, wie auf dem Erlebnisweg Rheinschiene oder dem Kulturerlebnis auf ebenen Hochflächen, z.B. auf der Wasserburgen-Route, bis zu sportlich anspruchsvollen Touren in bergigen Bereichen mit wunderschönen Ausblicken in die Landschaft.

Der Rhein-Sieg-Kreis bietet für Radfahrer eine sehr gute Infrastruktur mit insgesamt 9 Fern-Radwanderwegen und zahlreichen lokalen Fahrradrouten der einzelnen Kommunen.

Die 8 abwechslungsreichen Touren der „Bonner Burgenrunde“ berühren in ihrem Verlauf kulturhistorische Pfade, bei denen es sich lohnt, einen Abstecher in die Vergangenheit zu unternehmen. Dies im Zusammenhang mit den Schönheiten der Landschaft machen das Kennenlernen des linksrheinischen Rhein-Sieg-Kreises per Fahrrad zu einem besonderen Erlebnis.

:rhein-sieg-kreis

Rhein-Sieg-Kreis • Kaiser-Wilhelm-Platz 1 • 53721 Siegburg • Tel.: 02241/13-0 • www.rhein-sieg-kreis.de

Anfang des 18. Jh. hörten die kriegerischen Auseinandersetzungen im Rheinland auf, Wirtschaft und Gesellschaft erholten sich. Was sprach also dagegen, die Wehrhaftigkeit gegen Wohnlichkeit einzutauschen, statt Festungen Festsäle zu bauen. Dass die Zahl dieser repräsentativen Burgen und Schlösser am Rande von Kottenforst und Ville so groß ist, hängt wohl auch mit dem kurkölnischen Hof zusammen. Die adeligen Familien aus der Umgebung stellten viele Minister der Kurfürsten, und die konnten sich den Um- oder Neubau charmanter „Maisons de Plaisance" nach französischem Vorbild erlauben. So war beispielsweise der Besitzer von Burg Gudenau in Wachtberg-Villip Oberhofmarschall bei Clemens August. Die im 13. Jh. in einer Talaue errichtete Burg war 1402 von Graf Godart von Drachenfels erworben worden, der sie gegen seine Burg auf dem Drachenfels eintauschte, woher die Bezeichnung „Drachenfelser Ländchen" für die Umgebung seines neuen Stammsitzes rührt. Im 18. Jh. gehörte Gudenau dann Max Heinrich Waldbott von Bassenheim, der die zugige Burg zu einem komfortablen Schloss ausbauen ließ.
Wie Gudenau sind die meisten Adelssitze bis heute in Privatbesitz. Manche öffnen sich zu Konzerten und Kulturveranstaltungen, in anderen können Räumlichkeiten für Tagungen und Feste gemietet werden. Das bezaubernde Barockschloss Miel in Swisttal, ebenfalls von einem kurkölnischen Hof- und Staatsminister erbaut, ist heute als Museum zugänglich und als Hochzeitsschloss beliebt. Die frühere Remise beherbergt ein Restaurant, und auf den Ländereien ringsum wird Golf gespielt. Für Gruppen stellt die Rhein-Voreifel-Touristik e.V. gern eine Burgentour zusammen. An einem erlebnisreichen Tag können die Teilnehmer viel über Geschichte und Gegenwart der Adelssitze Morenhoven, Heimerzheim, Adendorf, Lüftelberg und Miel erfahren.
Die Perle am Ostrand der Ville ist ein barockes Gesamtkunstwerk, das zum UNESCO-Weltkulturerbe gehört: Die dreiflügelige Schlossanlage

der Augustusburg wurde Mitte des 18. Jh. nach Plänen des westfälischen Baumeisters Johann Conrad Schlaun errichtet. Das prunkvolle Treppenhaus, Schauplatz vieler Staatsempfänge zu Bonns Hauptstadtzeit, entstand nach Plänen des Würzburger Hofarchitekten Balthasar Neumann. Das Jagdschlösschen Falkenlust wiederum wurde von François de Cuvilliés erbaut. Für die Besichtigung der prächtig ausgestatteten Schlösser und der Parkanlagen sollte man sich Zeit nehmen.

In Bonn sind das ehemalige Residenzschloss im Zentrum wie das Lustschloss Clemensruhe in Poppelsdorf im Besitz der Universität. Das von einem berühmten Botanischen Garten umgebene Poppelsdorfer Schloss beherbergt ein Mineralogisch-Petrologisches Museum und leiht im Sommer klassischen Konzerten seinen festlichen Rahmen. Berühmteste Attraktion Bonns ist das barocke Beethoven-Haus, in dem der größte Sohn der Stadt 1770 geboren wurde, heute als Museum Anziehungspunkt für Musikfreunde aus aller Welt. An der renommierten Museumsmeile locken die fünf Häuser mit ihren hochkarätigen Ausstellungen und Sammlungen 2,5 Millionen Besucher jährlich an. Weitere Musentempel festigen Bonns Ruf als Kulturstadt. Neben all den Sehenswürdigkeiten ist die Region heute geprägt durch die fast 50-jährige Funktion als Hauptstadt der, wie hierzulande gerne gesagt wird, „Bonner Republik". In Bonn wurde gearbeitet – im Umland gewohnt. Mit dem Wegzug von Teilen der Regierung nach Berlin erlebte die nun ehemalige Hauptstadtregion einen dramatischen Wandel, der dank vielfältiger Unterstützungsprogramme gemeistert wurde. Der Wandel von der Hauptstadt zur Bundesstadt, vom politischen Mittelpunkt Deutschlands zum internationalen Kongreßzentrum mit kulturellem Flair kann sich folglich sehen lassen. Ministerien gingen – UN-Einrichtungen kamen, und mit ihnen vielerlei Dienstleistungsunternehmen vornehmlich aus der Kommunikations- und Wissenschaftsbranche.

Erfreulich für Radler: Bonn und die Region sind fahrradfreundlich. ***Wasserburgen-Route***, ***Erlebnisweg Rheinschiene*** und ***Ahr- und Sieg-Radweg*** und nicht zuletzt die ***Bonner Burgenrunde*** machen die Region am Tor zum „Romantischen Rhein" zu einem beliebten Ausflugs- und Erlebnisziel. Bonn und die Region, „Die Stadt" und der Rhein-Sieg-Kreis – sie sind mit ihrer abwechslungsreichen Landschaft, mit ihren erlebnisreichen Freizeitmöglichkeiten und dem vielfältigen Kulturangebot offen für Besucher aus nah und fern.

Eine Region, die mit dem Superlativ „Wasserburgenreichste Region Europas" aufwarten kann, – immerhin gibt es am Eifelrand, im Kulturdreieck zwischen Bonn, Köln und Aachen, rund 400 Burgen und weitere 200 Ruinen – lag lange im Dornröschenschlaf. Es war der Westdeutsche Rundfunk, der bereits 1987 ausführlich und dann kontinuierlich über den Burgenreichtum der Region berichtete und damit 1998 den Grundstein für die große ***Wasserburgen-Route*** legte. Auch an der ***Bonner Burgenrunde***, die das Teilstück Bonn/Rhein-Sieg ausführlich behandelt, ist das WDR-Studio Köln beteiligt. Bei der Sommeraktion 2005 dreht sich eine Woche lang alles nur um die ***Bonner Burgenrunde*** und das Radfahren in der Region.

Burgengeschichte in der Region Bonn/Rhein-Sieg

In der burgenreichen rheinischen Landschaft nehmen die Adelssitze im Umkreis der ehemaligen Residenzstadt Bonn eine besondere Stellung ein. Nicht nur ihre Zahl ist bemerkenswert – hier können längst nicht alle vorgestellt werden –, auch ihre Vielfalt und Qualität auf derart engem Raum ist einzigartig. Das hängt einerseits mit der Herrschaft der Erzbischöfe und Kurfürsten von Köln zusammen, die ja spätestens seit der verlorenen Schlacht von Worringen 1288 ihr Machtzentrum von Köln in die Nähe Bonns und schließlich ganz nach Bonn verlegten. Die Erzbischöfe als weltliche Herren benötigten eine solide personelle Basis von adeligen Verwaltern und Kriegern für die mannigfachen Aufgaben eines emporstrebenden Staatswesens, und diese Adeligen sind ohne Landbesitz und Burgen nicht zu haben und zu halten. Das hängt auch mit der demonstrativen Ablehnung der Könige und ihrer Stellvertreter, der rheinischen Pfalzgrafen, zusammen, die am Niederrhein zwar über enormen Besitz verfügten, ihn aber auf Dauer gegenüber den lokalen Machthabern nicht halten konnten. Zudem verschenkten die Könige seit dem 8. Jh. große Ländereien und Rechte zur Ausstattung von Klöstern und Kirchen, insbesondere des karolingischen Hausklosters zu Prüm. Viele Orte, Höfe und Burgen in unserer Region gehen auf solche Schenkungen zurück, die Adel und Erzbischöfe allmählich in ihren Besitz bringen konnten. Da besonders die Pfalzgrafen mit ihrem großen Besitz und umfangreichen Rechten eine flächendeckende Herrschaft der Erzbischöfe verhinderten, verdrängten diese bis zur Mitte des 11. Jh. die Pfalzgrafen faktisch aus dem Rheinland. Das wird an der Geschichte der Tomburg deutlich. Die Erzbischöfe waren in das hinterlassene Machtvakuum eingetreten, aber dadurch hatten sie auch vielen aufstrebenden Edelherren den Platz freigeräumt, eigene Herrschaften aufzurichten. Die Herren von Rheinbach und die von Tomburg hatten in der Nähe von Bonn solche Kleinterritorien besetzt, und im weiteren Umfeld stiegen die Grafen von Jülich, von Berg und von Kleve zu mächtigen Konkurrenten der Erzbischöfe auf. Die kleineren Dynasten wie die Grafen von Are, von Blankenheim oder die von Sayn entfalteten ein hohes Maß an Lästigkeit und mußten immer wieder in die Schranken gewiesen werden. Dabei half den Erzbischöfen das Aussterben der Grafen von Are, deren riesiger Besitz 1246 durch List und Gewalt an die Kölner Kirche fiel und deren Machtposition ungemein stärkte. Auch bauten die Erzbischöfe nicht nur Bonn zur stark befestigten Stadt auf, was Erzbischof Konrad von Are-Hochstaden mit seinem Befehl zum Bau der Stadtmauer 1244 einleitete, sondern errichteten starke Landesburgen wie Brühl, Lechenich, Zülpich, Godesburg, Drachenfels und sicherten sich vor allem die

Lehenshoheit über die Burgen ihres ritterlichen Adels. Diese Vorgänge waren mit Ende des 14. Jh. abgeschlossen und die Herrschaft der Erzbischöfe in einem fest umrissenen Territorium, dem Kurstaat, gesichert. Den ritterlichen Adel hatten sie weitgehend entmachtet und eingebunden in lokale herrschaftliche Aufgaben, aber nicht ausschließlich auf den fürstlichen Hof in Bonn ausrichten können. So schuf sich der kurkölnische Adel im Laufe von Jahrhunderten eine eigene individuelle Lebensform auf seinen Burgen, von denen es noch gegen Ende des 18. Jh. etwa 350 im ganzen Erzstift gab. Aus den einfachen befestigten Adelshöfen des 11. und 12. Jh. entwickelten sich im 13. Jh. die ersten gezielt auf Wehrhaftigkeit und Machtausstrahlung ausgelegten Wasserburgen, die in ihrer Zweiteiligkeit – Herrenhaus und Vorburg auf jeweils eigener Insel – zum Grundtyp des Adelssitzes im Rheinland wurden. Die Hauptburg bestand anfangs meist aus einem einfachen Turm oder Haus wie in Metternich oder Gudenau, die Vorburg immer aus einer zur Hauptburg hin offenen Dreiflügelanlage, die wegen der besseren Einsicht und Verteidigungsfähigkeit über einen seitlichen Torbau zugänglich war (Adendorf, Odenhausen). Freistehende Bergfriede wie in der Tomburg, der Godesburg, in Rheinbach oder Münchhausen waren die Ausnahme und hochadeligen Bauherren vorbehalten, wie sich überhaupt in Art und Größe jeder Burg ihr Status und der ihres Bauherrn deutlich zeigte. Auch Ringmauerburgen wie Tomburg oder Münchhausen blieben in unserer Region selten. Vielmehr zog der ritterliche Adel es vor, seine ursprünglichen Turmhäuser vom 14. bis 16. Jh. durch Anbauten zu erweitern, zum großen Herrenhaus (Metternich), zur Winkelanlage (Odenhausen, Kriegshoven), zur Vierflügelanlage (Adendorf, Gudenau). Damit blieb er ostentativ unterhalb der Schwelle zu den Burgen des Landesherrn und kam diesem nicht in die Quere. Der künstlerische Dekor hielt sich in Grenzen, was nicht nur eine Frage des Geldes war, sondern wiederum eine des Standes. Es gab Ausmalungen der Spätgotik (Adendorf), aber keine bemerkenswerten Steimetzarbeiten.

Das änderte sich während der Renaissance, obwohl noch immer keine überschäumenden Kunstleistungen vollbracht wurden. Die großartigste war die Planung der Burg Adendorf als vierflügelige Palastanlage nach italienischem Vorbild, die Mitte des 16. Jh. begonnen und erst 100 Jahre später vollendet wurde. Auch Gudenau und Odenhausen brachten neue Impulse in den Burgenbau des 16. Jh. Das 17. Jh. als Zeitalter des Hochbarock kam wegen der vielen Kriege im Bonner Raum nicht recht zum Zuge; Kriegshoven, Heimerzheim, Metternich erfuhren lediglich eine Überformung des klassischen Repertoires. Blütezeit des Schloßbaues im Bonner Raum war zweifellos das 18. Jh. Die Kurfürsten bauten große neue Schlösser in Bonn, Poppelsdorf, Brühl, Falkenlust, Herzogsfreude, und der Adel, der sich bis dato vom Hof eher fern gehalten hatte, orientierte sich in seiner Lebensform und beim Bauen jetzt intensiver als je zuvor am fürstlichen Vorbild. Es entstanden so herausragende Kunstwerke wie Roesberg und Miel vom europäischen Typus der Maison de Plaisance; viele Häuser wurden einfach nur modernisiert und stilistisch verfeinert (Morenhoven, Schallenburg); manchen gab man über der alten Substanz eine neue Erscheinung (Lüftelberg). Das Ende des Ancien Régime 1794 brachte eine unwiderrufliche Zäsur; viele Adelssitze gingen in bürgerliche Hände über, und gebaut wurde kaum noch, da die Aufgabe des Adelssitzes als Standesarchitektur nicht mehr bestand. Nach dem Übergang der alten kurfürstlichen Lande an Preußen 1815 waren die Burgen nur noch Wohnhäuser großer landwirtschaftlicher Betriebe, ohne Privilegien, ohne Gerichtsbarkeit, ohne Steuerfreiheit. Erst ab der Jahrhundertmitte geschah wieder Bemerkenswertes, wenn auch nichts Grundlegendes mehr. Kriegshoven erfuhr nach einem Besitzerwechsel eine Verdoppelung seiner Bausubstanz in der wohl richtigen Meinung von Architekt Graf Moerner und Bauherr Emil Wülfing, einen im historischen Bau nicht zu Ende geführten Gedanken auszuformulieren, womit das logische Ende dieser Architekturspezies erreicht war.

I

Etappe 1 – Von Bad Godesberg über Wesseling nach Brühl

30 km

Der Rhein bestimmt die Fahrt dieser Etappe. Vom Bahnhof in Bad Godesberg führt ein Promenadenweg am Rheinauenpark und dem ehemaligen Regierungsviertel mit Langem Eugen und Bundeshaus vorbei nach Bonn zum Alten Zoll, einem Knotenpunkt der ***Bonner Burgenrunde***. Auf dem Weg nach Wesseling wechseln sich Ortschaften und landwirtschaftlich genutzte Flächen ständig ab. Dann muß der Rhein verlassen werden um nach kurzer Fahrt die Schlösser in Brühl, die zum Weltkulturerbe gehören, zu erreichen.

Start- und Zielpunkt der ***Bonner Burgenrunde*** ist der Bahnhof in **Bad Godesberg**. Vom Parkplatz aus geht es, den Bahnhof im Rücken, links vorbei bis zur Straßenkreuzung. Hier wird in die 2. Straße rechts eingebogen und der *Rheinallee* geradeaus bis zur Rheinfähre an der Alten Bastei gefolgt. Auf den nächsten 6 km geht es immer neben dem Rhein her, bis vor der Autobahnbrücke links der **Rheinauenpark** (s.S. 19) zu einem Schlenker durch das ehemalige Bundesgartenschaugelände einlädt. Neben den Biergärten sollte der Japanische Garten für einen Abstecher nicht ausgelassen werden.

Dann geht es weiter am Rhein entlang, vorbei am ehemaligen Regierungsviertel und dem Bundeshaus, bis kurz vor der nächsten Rheinbrücke, gegenüber den Anlegestellen der Rheinschiffe, links zwischen hohen Quaderblöcken einen stufigen Weg hinauf zur Universität, dem ehemaligen **Stadtschloß** (s.S. 22) führt. Rechts befindet sich der „Alte Zoll“ mit zwei alten Kanonen und der klassischen Aussicht auf die

Abzweig zur Museumsmeile

Auf Höhe des alten Bundeshauses mit seinem ehemaligen Abgeordnetenhochhaus, dem „Langen Eugen“, führen links *Hermann-Ehlers-Straße* und *Heussallee* zur Museumsmeile: der Kunst- und Ausstellungshalle, dem Städtischen Kunstmuseum, dem Haus der Geschichte und dem Museum Koenig.

Rheinpromenade, das gegenüberliegende Beuel – die „Schäl Sick“, wie die linksrheinischen Bonner das rechte Rheinufer bezeichnen – und das Siebengebirge mit Drachenfels und Petersberg.

Auf dem Weg nach **Brühl** geht es auf dem ausgeschilderten ***Erlebnisweg Rheinschiene*** weiter am Rhein entlang. Am Ende des Bonner Hafens zweigt links für einen kurzen Abstecher zur Rheindorfer Burg die *Mertensgasse* ab. Halb rechts führt die Straße *An der Rheindorfer Burg* nach einem Linksbogen zur **Rheindorfer Burg** (s.S. 17).

Abzweig zum Poppelsdorfer Schloß und Weiterfahrt auf der Etappe 8

Vom „Alten Zoll“ aus führt der Weg am ehemaligen **Stadtschloß** (s.S. 22), der heutigen Universität, vorbei, über den *Kaiserplatz*, dann unter der Bahn hindurch entlang der *Poppelsdorfer Allee* zum **Poppelsdorfer Schloß** (s.S. 23). Von hier aus besteht Anschluß an die ***Etappe 8*** (s.S. 121) zum **Schloß Augustusburg** in Brühl (s.S. 33).

Bundesstadt Bonn

Über Jahrhunderte wurde in der kleinen Stadt am Rhein große Politik gemacht. Was die Römer schon als einen strategisch günstigen Platz ausgemacht hatten, sahen die Kölner Kurfürsten Jahrhunderte später genauso – hier ließ sich gut leben. Denn nachdem die Kölner Bürger ihnen Hausverbot erteilt hatten und sie nur noch aus pastoralen Gründen die Stadt betreten durften, wurde Bonn zur kurkölnischen Hauptstadt. Auch der aus Köln stammende spätere Bundeskanzler Konrad Adenauer wusste die Stadt mit dem Blick aufs Siebengebirge zu schätzen und so wurde Bonn erneut Mittelpunkt des politischen Geschehens – wenn auch über lange Zeit nur als ein „Provisorium".

Dann fiel die Mauer und im wiedervereinten Deutschland entschied sich der Bundestag, den Regierungssitz vom Rhein an die Spree nach Berlin zu verlagern. Das Berlin-Bonn-Gesetz vom 26. April 1994 wies der Bundesstadt Bonn dennoch auf Dauer wichtige politische Funktionen zu. So blieben beispielsweise sechs Bundesministerien am Rhein. Um die Folgen des Regierungsumzugs durch Ansiedlung neuer Arbeitsplätze auszugleichen, erhielt die Region Bonn 1,43 Milliarden Euro.

Seit 1994 ist Bonn eine Stadt im Wandel. Ohne die Wichtigkeit der Bundeshauptstadt besann sich Bonn aber rasch seiner alten Stärken. Denn mit dem politischen Erbe der „Bonner Republik", das die Stadt weiterhin umgibt, lassen sich innovative Perspektiven aufzeigen. Heute sind die stützenden Säulen Wissenschaft und Forschung, zukunftsorientierte Wirtschaft und die Ansiedlung internationaler Organisationen. Die UN-Weltorganisation sieht in Bonn einen idealen Standort.

Das ehemalige Regierungsviertel entwickelt sich zu einem der führenden Kongressorte in Europa, denn wo kann man schon mal in einem Parlamentsgebäude tagen und die Stühle der Minister und Abgeordneten einnehmen. Auch der Tourismus – früher überwiegend politisch motiviert – bekam einen neuen Stellenwert.

Und so runden das einmalige Kulturangebot mit Museumsmeile und vielen weiteren Besonderheiten und Sehenswürdigkeiten der Region das Angebot in jeglicher Hinsicht ab. Das Rheinische Landesmuseum, das Naturschutzmuseum im Siebengebirge, das Arp-Museum und die Förderung des jährlichen Beethovenfestes standen im Mittelpunkt des Ziels, aus der alten politischen Hauptstadt Bonn auch eine „Hauptstadt der Kultur" werden zu lassen. Bonn ist also mit seiner über 2000 Jahre alten Geschichte eine ausgesprochen attraktive Stadt, die für Jeden ein passendes Angebot bereit hält.

Bundesstadt Bonn • Berliner Platz 2 • 53103 Bonn • Tel. 0228/77-0 • www.bonn.de

Die Rheindorfer Burg

Die wohl älteste Burg auf Bonner Boden war ursprünglich als wassergeschützte Niederungsburg um 1131 errichtet worden. Nach ihrer Zerstörung 1689 durch die Truppen des französischen Königs Ludwig des XIV. wurde das Wohnhaus Mitte des 18. Jh. im Stil des „Maison de Plaisance“ wieder neu aufgebaut. Heute befindet sich das stilvolle Herrenhaus inmitten eines großen Parks in Privatbesitz.

Zu Beginn der Rheininsel **Herseler Werth** besteht links die Möglichkeit zur Weiterfahrt nach **Roisdorf** und zum Anschluß an ***Etappe 8*** (s.S. 121). In **Urfeld** führt der Weg für ein kurzes Stück durch den Ort, dann ist, wenn der Rhein einen Rechtsbogen einschlägt, hinter der Kirche in **Wesseling** die *Uferstraße* erreicht. Hier muß die Rheinpromenade verlassen werden.

Nun geht es rechts ein Stück auf der *Kölner Straße*, bis links in die *Mühlengasse* eingebogen wird. (Wer stattdessen geradeaus fährt, kommt rechts über die Parkplätze zum Radler-Hotel am Rhein). Am Ende muß rechts über die *Römerstraße* bis zum *Mühlenweg* gefahren werden, der links nach 800 m die Autobahn *A 555* und anschließend

Zufahrt zur Godorfer Burg

Nach **Berzdorf** unter der Starkstromleitung zweigt rechts die *Hitzelerstraße* ab die an der *Brühler Straße* endet. Hier links abgebogen sind es noch gut 200 m bis links die Zufahrt zur **Godorfer Burg** (s.S. 27) abzweigt.
Hinweis: Die Anlage wird derzeit renoviert und dürfte erst nach 2006 wieder zugänglich sein.

die *L 182*, die *Rodenkirchener Straße* quert. Am Ende, links liegt das Naturschutzgebiet „Entenfang“, wird rechts dem *Falkenweg* nach **Berzdorf** gefolgt. Hier geht es halb links auf der *Entenfangstraße* weiter, von der links der *Kapellenweg* abzweigt. Die *Bergerstraße* schließlich führt links wieder aus dem Ort heraus.

Am Ende führt links ein Weg rechts um einen Baggersee herum. Nach einem Rechtsknick wird links die Autobahn unterquert und spätestens dann ist **Schloß Falkenlust** (s.S. 35) zu sehen. Da der Weg durch den Park zum **Schloß Augustusburg** in **Brühl** für Fahrräder verboten ist, selbst das Schieben ist untersagt, muß eine kleine Schleife eingelegt werden – die Kopfsteinpflasterstraße führt rechts zur Brühler Umgehungsstraße. Auf der anderen Seite – Vorsicht beim Überqueren – führt rechts ein Radweg entlang der *Otto-Wels-Straße* zur *Rheinstraße*. An der Ampel wird links abgebogen, um die Bahngleise zu überqueren. Bei erster Gelegenheit zweigt links die Straße *Am Bundesbahnhof* ab, die zum Bahnhof und der Hauptzufahrt zum **Brühler Schloß Augustusburg** führt (s.S. 33).Bis zum Zielpunkt dieser Etappe wird allerdings vor dem Bahnhof rechts, vor dem Ende der *Bahnhofstraße* links in die *Schloßstrasse* und nach einem Rechtsknick an der Schlosskapelle links in der *Uhlstraße* abgebogen und bis zum Rathaus und der **Brühl-Info** vorgefahren. Auch von hier aus besteht ein Zugang zum **Brühler Schloß** und zur alten **Schloßkapelle**.

I

Das Bundesviertel in Bonn

Einmal „Bundeskanzler" sein, einmal auf der Regierungsbank sitzen – wo ist das möglich, wenn nicht in Bonn und das gleich zweimal: im alten Wasserwerk, das dem Parlament eine vorübergehende Bleibe bot, und im neuen Plenarsaal der „Bonner Republik". Jeder verbindet mit Bonn das „Weiße Haus" am Rhein, das 1949 aus einer Fortbildungseinrichtung zum Bundeshaus wurde. Das ehemalige Regierungsviertel zwischen Bonn und Bad Godesberg, das einstige Zentrum bundesdeutscher Politik, erlebt einen Bedeutungswandel auf höchstem Niveau. Auf vier Kilometern Länge und 1000 Schritten Tiefe ist rund um Bonns „Central Park", der Rheinaue, ein neuer Stadtteil herangewachsen: Mit internationalen Konzernzentralen, neuen Unternehmen, wissenschaftlichen Einrichtungen, Ministerien, dem Internationalen Kongresszentrum Bundeshaus Bonn (IKBB) und demnächst dem „Campus" für die Vereinten Nationen. Insgesamt haben sich hier seit 1991 mehr als 80 neue Unternehmen und Einrichtungen etabliert. Mit knapp 35.000 Arbeitsplätzen (1997, vor dem Umzug, waren es rund 20.600) konzentriert sich dort fast ein Fünftel aller Bonner Arbeitsplätze. Mittelfristig wird es im Bundesviertel rund 42.000 Arbeitsplätze geben.

Eine zentrale Rolle wird künftig das Internationale Kongresszentrum Bundeshaus Bonn (IKBB) spielen. Sein Kern ist der ehemalige Plenarsaal des Deutschen Bundestages. Um es in erster Linie für die Vereinten Nationen nutzbar zu machen, sollen ein zweiter Saal für 5000

Menschen und ein hochklassiges Hotel gebaut werden. Es ist vorgesehen, die in Bonn ansässigen Sekretariate der UNO unter anderem im ehemaligen Abgeordnetenhochhaus „Langer Eugen" anzusiedeln und so einen „UN-Campus" zu schaffen.

Am Fuß des Abgeordnetenhochhauses liegt der „Schürmannbau". Als neues Abgeordnetenhaus geplant, ging der Rohbau 1993 beim Jahrhunderthochwasser unter. Das wird auch heute noch gern als Menetekel für die „untergegangene Bonner Republik" gesehen. Das Prestige-Gebäude wurde nach langen juristischen Streitigkeiten schließlich doch fertiggestellt. Seit 2003 strahlt hier die Deutsche Welle von Bonn aus ihre Sendungen in alle Welt hinaus. Zum Ensemble gehört auch der alles überragende Post-Tower, in dem sich die Konzern-Zentrale der Deutsche Post World Net befindet. Das 162,5 Meter hohe Gebäude nach Plänen des Architekten Helmut Jahn ist zum neuen Wahrzeichen für den Strukturwandel in Bonn geworden.

Der Rheinauenpark in Bonn

Am 27. April 1979 griff der damalige Bundespräsident Walter Scheel zur Schere, durchschnitt das pressewirksame rote Band und eröffnete damit die 15. Bundesgartenschau in Deutschland. Wo früher, von Äckern umgeben, ein paar Bolzplätze von Sportvereinen genutzt wurden, war ein neu gestalteter Park entstanden. 10 Jahre hatten Landschaftsarchitekten und -fachbetriebe gebraucht, um 160 Hektar Fläche auf der linken und rechten Rheinseite für die Bundesgartenschau zu gestalten und herauszuputzen.

Die Bundesgartenschau 1979, das war einen Sommer lang ein bundesweit beachtetes Blumen- und Gartenfestival, eine neu geschaffene Erlebenslandschaft mit vielfältiger Infrastruktur mitten im Herzen der

Stadt. Am Ende wurde noch einmal umgebaut und das Ausstellungsgelände in einen Landschafts- und Naherholungsraum - den „Rheinauenpark" verwandelt, so wie dies die langfristige Konzeption vorsah. Was sich heute beidseits des Rheins erstreckt, ist fast so groß wie die Bonner Innenstadt selbst – und nicht minder attraktiv wie diese.

Seit 1979 ist die Rheinaue der Bonner Veranstaltungsort im Freien schlechthin. Zu den jährlich wiederkehrenden großen und weit über die Region ausstrahlenden Ereignissen zählen Familienfeste, das Open-air-Festival „R(h)einkultur", Oldie-Nights, Internationale Begegnungsfeste, Flohmärkte und, und, und – nicht zu vergessen „Rhein in Flammen", das jedes Jahr am ersten Samstag im Mai mit einem Höhenfeuerwerk der Superlative Hunderttausende in die Rheinauen lockt. Wer auch immer ein wenig Erholung sucht und eine Pause einlegen möchte, wird sich im Freizeitpark wohl fühlen. Auf fast 45 Kilometern Fuß- und Radwegen lassen sich ausgedehnte Touren unternehmen und der 15 Hektar große Rheinauensee lädt zu einer Bootsfahrt ein. Spielplätze, Minigolfplatz, Grillplätze, Halfpipe, der Japanische Garten, ein Blindengarten und schließlich ein großer Biergarten runden das Rheinauenangebot ab.

Die Museumsmeile

Die fünf Häuser der Museumsmeile – die Bundeskunsthalle, das Haus der Geschichte der Bundesrepublik Deutschland, das Kunstmuseum Bonn, das Museum Koenig sowie das Deutsche Museum Bonn – empfangen jährlich rund 2,5 Millionen Besucher. Die moderne Architektur der Kunst- und Ausstellungshalle der Bundesrepublik Deutschland und des Kunstmuseums bilden ein Ensemble von weltstädtischem Format. Der Platz dazwischen ist von Mai bis September Bühne für ein facettenreiches Open-Air-Programm, wenn Weltstars aus der Rock-, Pop-, Soul- oder Jazzszene unter der kühnen Zeltdachkonstruktion Konzerte geben.

Die hochkarätigen Ausstellungen der Bundeskunsthalle machen sie zum Publikumsmagneten. So kamen allein zur Tutanchamun-Ausstellung 2004/2005 rund 800.000 Kunstfreunde aus dem In- und Ausland. Das vielfältige Programm zu Themen aus den Bereichen bildende Kunst, Kulturgeschichte bis hin zu Wissenschaft und Technik kann bis zu fünf verschiedene Ausstellungen gleichzeitig bieten. Das Museumsdach dient der Präsentation von Skulpturen.

Auf Rang zwei in der Besuchergunst liegt das Haus der Geschichte der Bundesrepublik Deutschland. Mit 7000 eindrucksvoll inszenierten Exponaten – von Adenauers Dienst-Mercedes über Teile der Berliner Mauer, Honneckers Haftbefehl bis zur ersten Green-Card für einen ausländischen Spezialisten – macht es die jüngere Vergangenheit erlebbar.

Sammlungsschwerpunkte des Kunstmuseums sind August Macke und die Rheinischen Expressionisten sowie die Deutsche Kunst nach 1945. Wechselausstellungen konzentrieren sich auf die internationale Kunstszene des 20. Jahrhunderts, die etwa die gegenseitigen Beziehungen zu ausländischen Kunstströmungen illustrieren.

Das Zoologische Forschungsinstitut und Museum Alexander Koenig, eines der bedeutendsten Naturkundemuseen in Deutschland, gibt in seiner Dauerausstellung „Unser blauer Planet – Leben im Netzwerk" Einblicke in die Vernetzung und Funktionsweise ökologischer Lebensprozesse. Die naturnahen Darstellungen der Lebensräume – wie Savanne, Pole oder Regenwald – faszinieren nicht nur die jungen Besucher.

Das Deutsche Museum Bonn widmet sich der neueren Forschung und Technik und zeigt bahnbrechende Entdeckungen von Nobelpreisträgern und andere technische Meisterleistungen – vom Fischer-Dübel bis zum Computerchip, vom Airbag bis zum Transrapid.

Übrigens: Mit der Bonn Regio WelcomeCard (zum Preis ab 9,- € für 24 Stunden Gültigkeit) haben Besucher auf der Museumsmeile freien Eintritt, auch in 15 weiteren Museen in Bonn und in der Region.

Infos zur Museumsmeile und seinen Museen: www.bonn.de oder www.bonn-region.de

Die Museumslandschaft

Für eine Stadt ihrer Größenordnung besitzt Bonn eine außergewöhnliche Palette an Museen. Weltberühmt ist das **Beethoven-Haus**, in dem der größte Sohn der Stadt, Ludwig van Beethoven, 1770 geboren wurde. Heute beherbergt es eine Sammlung an Porträts, Autographen und Erstdrucken sowie seinen letzten Flügel, seine Hörrohre und vieles mehr. Daneben offeriert das neue Digitale Beethoven-Haus eine einzigartige Bühne für Musikvisualisierung und interaktive Entdeckungsreisen durch den Nachlass des Komponisten.

Mit dem **August-Macke-Haus**, dem **Ernst-Moritz-Arndt-Haus** und dem **Schumannhaus** besitzt Bonn weitere Künstlerwohnungen, in denen die Erinnerung an jene Maler, Literaten und Musiker, die in Bonn weilten und wirkten, wach gehalten wird.

Zu den neueren Bonner Museen gehört das **Arithmeum**, 1999 im Forschungsinstitut für Diskrete Mathematik eröffnet. Die Dauerausstellung „Rechnen einst und heute" fasziniert mit der weltweit führenden Sammlung mechanischer Rechenmaschinen, mit Rechenbüchern bis zurück zu Gutenbergs Zeit, aber auch modernsten höchstintegrierten Logikchips. Ausstellungen geometrischer Kunst komplettieren das Museumskonzept.

Als erstes seiner Art wurde das **Frauenmuseum** 1981 in Bonn gegründet. Es hat sich der Förderung von Kunst, Kultur und Wissenschaft von Frauen verschrieben. Im Mittelpunkt steht die bildende Kunst von zeitgenössischen Künstlerinnen aus dem In- und Ausland. Konzerte, Lesungen, Theater und Tanz tragen zur lebendigen Atmosphäre des Frauenmuseums bei.

Das **Rheinische Landesmuseum**, 2003 als Themenmuseum neu eröffnet, präsentiert wertvolle Zeugnisse rheinischer Geschichte, Kunst und Kultur vom Neandertaler bis zur Gegenwart. Die zeitgemäße Vermittlung mittels Inszenierungen, Filmen und multimedialen Erläuterungen steht dabei im Vordergrund.

Auch in der Region gibt es reizvolle Museen. Das **Glasmuseum Rheinbach** stellt als erstes Spezialmuseum für nordböhmisches Hohlglas Kostbarkeiten aus dem 17. bis 20. Jh. aus, dazu Studioglas ab 1950.

In Brühl wartet das bedeutendste Schloss des Rheinlandes, das barocke **Augustusburg** mit seinem berühmten Treppenhaus von Balthasar Neumann auf kunstliebende Besucher. Samt dem Jagdschloss **Falkenlust** und der Parkanlage gehört es zum UNESCO-Kulturerbe der Welt. In der Nähe ist das **Max-Ernst-Museum** entstanden, dessen Eröffnung für den Herbst 2005 geplant ist. Es wird auf 2400 Quadratmetern Ausstellungsfläche das künstlerische Werk des 1891 in Brühl geborenen Surrealisten präsentieren.

Stadtschloß Bonn

Es ist heute weitgehend unbekannt, daß das mitten in Bonn gelegene Hauptgebäude der Universität nicht nur jahrhundertelang Residenz der Erzbischöfe und Kurfürsten von Köln war, sondern mit 480 m Frontlänge auch eines der größten Barockschlösser Europas ist. Gegen Ende des 13. Jh. hatten die Erzbischöfe Köln als Hauptstadt aufgegeben und das nahe Bonn zur Residenz erkoren, wo sie schon seit dem 12. Jh. Gerichts- und Stadtherren waren. 1244 befahl Erzbischof Konrad den Bau der Stadtmauer. Anstelle mittelalterlicher Bauten entstand 1567 bis 1577 ein neues Schloß, das 1689 bei der Belagerung von Bonn zerstört wurde. 1697 begann Kurfürst Joseph Clemens einen riesigen Neubau, den er nach seinen aktuellen schlechten Erfahrungen mit Frankreich nicht im modischen französischen Stil erbauen ließ. Vielmehr bediente er sich des bayerischen Hofbaumeisters Enrico Zucalli, der aus Italien stammte und eine konservative kastellartige Vierflügelanlage mit haubengekrönten Ecktürmen im italienischen Stil errichtete. 1703-1715 war der Kurfürst im französischen Exil und ließ danach sein Schloß durch den Pariser Hofarchitekten Robert de Cotte weiterbauen. Der legte der Südfront zwei Seitenflügel vor, so daß eine Art Ehrenhof nach französischer Manier entstand, und vor die Westfront einen westlichen Ehrenhof, Buenretiro genannt, als Privatwohnung des Kurfürsten, die Clemens August 1728 fertigstellen ließ. Die Südfassade wurde mit dem Hofgarten zur Schaufront ausgestaltet, von der aus der Blick über die noch unbebaute Auenlandschaft bis zum Siebengebirge reichte. Nach Osten baute man einen langen Galerieflügel bis zum Rhein an, der von Kurfürst Clemens August 1751 um das Michaelstor bereichert wurde. Als Triumphtor nach antikem Vorbild sollte es dem Einzug des Fürsten in seine Residenzstadt dienen. 1777 brannte das Schloß vollständig aus und wurde nur provisorisch wiederhergestellt. Johann Heinrich Roth baute eine neue Schloßkapelle, die noch besteht. 1818 zog die neu gegründete Universität ins Schloß, aber erst ab 1926 nahm man den kompletten Wiederaufbau nach kurfürstlichem Plan in Angriff, welche Gestalt nach schwerer Kriegszerstörung von 1944 dem erneuten Wiederaufbau gegeben wurde, innen jetzt allerdings in den nüchternen Formen der 1950er Jahre. Nach wie vor dient das Schloß als Universitätsgebäude.

Schloß Poppelsdorf

Drei bedeutsame Bauten hatten die barocken Kurfürsten in Bonn zu einer noch immer wirksamen städtebaulichen Achse verbunden. Ausgehend von der Residenz leitet sie über das Schloß Poppelsdorf den Blick auf die Kreuzbergkapelle und symbolisiert damit den barocken Dreiklang von Macht, Lebensfreude und Frömmigkeit, denn die Kirche auf dem Kreuzberg ist eine uralte Wallfahrtsstätte. Das ehemalige kurfürstliche Lustschloß Clemensruhe im Stadtteil Poppelsdorf war dagegen zur Entspannung und zum schieren Lebensgenuß gedacht, soweit dazu am Hofe eines so hohen geistlichen Würdenträgers Raum gegeben wurde – weniger unter Joseph Clemens, mehr unter Clemens August, der allerdings auch die Frömmigkeit zu neuen Blüten trieb. Seit dem Ende Bonns als barocker Residenz ist das Poppelsdorfer Schloß einer der unbekannten Schätze rheinischer Kunst und dient heute ganz profanen Zwecken. Es beherbergt naturwissenschaftliche Institute der Universität Bonn, was seine Pflege und Unterhaltung sichert. Wie vielen kurfürstlichen Schlössern liegt auch diesem Bau eine kurkölnische Wasserburg des Mittelalters zugrunde, deren Ruinen 1657 abgebrochen worden waren. Hier hatte sich Kurfürst Joseph Clemens ab 1715 ein Schloß für den privaten Gebrauch bauen lassen, nach französischem Muster als Vierflügelanlage mit hervorgehobenen Eck- und Mittelpavillons um einen kreisrunden Innenhof, der die heitere Eleganz des Schlosses um eine ironische Komponente bereichert. Dieser höchst ungewöhnliche Entwurf stammt vom Pariser Hofbaumeister Robert de Cotte und wurde ausgeführt unter Leitung von Guilleaume Hauberat. Der alte Architektentraum der Verbindung von Quadrat und Kreis, den schon Andrea Palladio in seiner Villa rotonda genial realisierte, wird hier in selten glücklich gelungener Form aufgegriffen und zu einem sehr eleganten Grundriß verdichtet. Eine rundlaufende Raumfolge von Sälen, Appartements, Galerien und einer Kapelle, die alle mithilfe einer Enfilade verbunden sind, ermöglicht einer Festgesellschaft das zwanglose Flanieren um einen Mittelpunkt, der ein Treppenhaus, ein Saal oder eben ein Innenhof sein konnte und beim höfischen Adel der Zeit sehr beliebt war. Wenn sich der Kurfürst hier zur Erholung aufhielt, bewohnte er ein Appartement in der Südwestecke, während die Nordostecke als Besucherappartement genutzt werden konnte. Nur das Erdgeschoß war als Belétage ausgebaut; die übrigen Stockwerke waren nachgeordnet für Dienerschaft und Hauswirtschaft. Nach den Zerstörungen des letzten Krieges findet sich innen nur noch ein originaler Raum, der Appartementsaal mit zierlichen Stukkaturen von 1720, die gemäß französischer Architekturtheorie den Zweck des Hauses thematisieren: Das „erholsame“, einfache Leben auf dem Lande abseits höfischer Verpflichtungen wird mit Hilfe von stuckierten Trophäen aus bäuerlichen Geräten angesprochen. Das unter Joseph Clemens nicht vollendete Schloß ließ sein Nachfolger, Kurfürst Clemens August, 1744 bis 1756 durch Balthasar Neumann fertigstellen. 1818 schenkte der König von Preußen das Schloß der Universität, 1819 wurde anstelle der barocken Gärten ein botanischer Garten angelegt, der noch existiert. Auch die als Verbindungskanal zwischen den beiden Schlösser geplante, von Clemens August ausgeführte Poppelsdorfer Allee besteht noch.

Bonns Stadtentwicklung rund um das Münster

Wie so manche Stadt am Rhein blickt auch Bonn auf eine lange Siedlungsgeschichte zurück. Aber erst kurz vor der Zeitenwende tritt die heutige Stadt aus dem Dunkel der Geschichte: Der römische Schriftsteller Florus berichtet vom Bau einer Rheinbrücke bei „Bonna". 69 n.Chr. erwähnt der Historiker Tacitus ein römisches Legionslager, „castra bonnensia", das im heutigen Norden der Stadt gelegen war. Doch nicht hier, sondern rund um die Münsterbasilika sollte sich ein paar Jahrhunderte später der heutige Stadtkern entwickeln.

Die Erklärung dafür liefert eine Legende aus der Zeit des frühen Christentums, die sich von der Schweiz bis zum Niederrhein wiederholt. Es ist die Legende von der Thebäischen Legion, die aus Christen bestand, welche sich weigerten, den römischen Kaiser als Gottheit zu verehren. Sie starben den Märtyrertod – Victor in Xanten, Gereon in Köln, Cassius und Florentius in Bonn, Mauritius in der Schweiz. Die riesigen Köpfe vor der Apsis der Münsterbasilika erinnern an die Enthauptung der Stadtpatrone, über deren Gräbern wohl bereits im 3. Jh. eine Gedächtnisstätte errichtet wurde.

Bald erhob sich dort eine kleine Kirche, später die heutige Basilika. Am rückwärtigen Ausgang der Kirche lassen sich anhand einer Zeichnung mit verschiedenfarbigen Grundrisslinien die einzelnen Bauphasen nachvollziehen. Die erste Kirche wurde um 1040 abgerissen, um eine dreischiffige Basilika auf kreuzförmigem Grundriss zu errichten. Probst Gerhard von Are (1124-1169) ließ die Kirche um die Ostapsis und das Chorquadrat mit den beiden Flankentürmen erweitern. Um 1200 kam der mächtige Vierungsturm hinzu. Vom Vierungsquadrat führen Stufen hinab in die Krypta, wo die Gebeine der Stadtpatrone ruhen. Der Holzschrein ist mit Bleiplatten ummantelt, die auf der einen Seite Cassius und Florentius auf ihrem Todesweg darstellen, auf der anderen das Wappen von Papst Johannes Paul II., der 1980 die Krypta besuchte. Neben vielen kostbaren Kunstwerken im Münster verdient der Kreuzgang aus dem 12. Jh. Beachtung – ein schöner, stiller Ort mitten im Herzen der Stadt.

Denn die nahm hier ihren Anfang. Pilger kamen, um deren Seelenheil man sich kümmern musste. Das Cassiusstift wurde errichtet, und vor den Toren dieser „villa basilica" entstand eine offene Marktsiedlung. 1244 befahl der Kölner Erzbischof Konrad von Hochstaden, Stiftsburg und Marktsiedlung mit einer Mauer zu umgeben.

Einen Eindruck von der Stadtbefestigung vermittelt das Sterntor am Bottlerplatz, das aus dem 13. Jh. stammt und am Ende der Sternstraße stand. Weil es sich als Verkehrshindernis erwies, wurde es 1898 abgebaut und am heutigen Standort wieder errichtet. Die Befestigung der Stadt Bonn kam den Kölner Erzbischöfen und Kurfürsten damals im Mittelalter durchaus gelegen. Die selbstbewussten Patrizier der Domstadt ließen sich nämlich nicht gern von der Geistlichkeit regieren. Konrad von Hochstaden und seine Nachfolger hielten daher häufig Hof in Bonn. Wenn sie – als mächtige Männer des Deutschen Reiches – hier Urkunden ausfertigten, schrieben sie: „Dit geschah zu Bunne."

Erlebnisweg Rheinschiene

Und mit den drei Büchern ***Erlebnisweg Rheinschiene***, ***Der Ahr-Radweg*** und ***Der Erft-Radweg*** ist jeder auf der etwa 300 km langen Rundreise gut begleitet.

Der ***Erlebnisweg Rheinschiene*** ist ein Gemeinschaftswerk der 17 am Rhein gelegenen Städte und Gemeinden zwischen Bonn und Duisburg. Dieser beidseits des Flusses verlaufende Radweg ist 357 km lang. 33 Brücken und Fähren ermöglichen unterschiedliche individuelle Touren. Die Strecke ist komplett mit einem einprägsamen Routenlogo ausgeschildert, 100 sogenannte „Erlebnispunkte“ geben mit einer Karte den Überblick über die Route, lokale Besonderheiten oder Rheinthemen werden anschaulich dargestellt. Naturschutzgebiete, Auen, Deiche, Uferpromenaden, Industriekultur, Biergärten und Ausflugslokale, umfangreiches Kulturangebot, etc. – das macht den ***Erlebnisweg Rheinschiene*** aus.

Der Radweg am Rhein ist Teil der ***Rheinischen Drei-Flüsse-Tour***, die entlang der Ahr – von Sinzig nach Blankenheim – und der Erft – von Nettesheim nach Neuss – zurück zum Rhein führt.

Informationen auch im Internet:
www.erlebnisweg-rheinschiene.de
www.ahrradweg.de
www.erftradweg.de

Schloß Eichholz

Das heute so genannte Schloß Eichholz ist trotz seiner recht jungen Bezeichnung kein altadeliger Rittersitz gewesen, sondern trat erst 1320 als Hof des Bonner Damenstiftes Dietkirchen ins Licht der Geschichte. Seine Einkünfte standen den Äbtissinnen zu. Die Bewirtschaftung übernahmen Pächter, seit Zerstörung 1623 und Wiederaufbau Halbwinner oder Halfen, die die Hälfte des Ertrages behalten durften und häufig zu großem Wohlstand aufstiegen.

Unter französischer Besetzung des Rheinlandes wurde auch der Hof Eichholz säkularisiert und 1807 versteigert. 1822 brannte der vierseitige Fachwerkhof ab, der neue Besitzer Freiherr von Cranap baute ihn größer und massiv wieder auf und errichtete daneben ein pompöses neobarockes Herrenhaus. Ab 1854 wechselte Gut Eichholz mehrfach den Besitzer, bis es 1888 der Zuckerindustrielle Dr. Carl Joest erwarb. Unter ihm erhielt das Gut den Status eines Rittergutes, und er selber wurde 1912 in den erblichen Adelsstand erhoben. In Vorwegnahme dieser wichtigen Standeserhöhung hatte er das Herrenhaus seit 1892 großartig zum Schloß ausbauen lassen, als welches es bis heute bezeichnet wird.

Sein Sohn verkaufte 1955 Schloß Eichholz an die neu gegründete Konrad-Adenauer-Stiftung und errichtete sich im Park ein bescheideneres Wohnhaus. Die Anbauten vergrößerten das Carnapsche Herrenhaus um mehr als das Doppelte, u.a. um einen bergfriedartigen Turm und einen Personalflügel, so daß das Ganze sich zu einem asymmetrischen Bau im altdeutschen Stil auftürmte. Die sehr repräsentativen Erdgeschoßräume sind aufwendig ausgestattet und insgesamt wohlerhalten. Das heutige Bildungszentrum Schloß Eichholz wurde in jüngerer Zeit um einige moderne Gästehäuser im Park erweitert.

Godorfer Burg

Die Godorfer Burg liegt nicht, wie zu vermuten, in Godorf, sondern bei Berzdorf, und eine Burg war sie nie. Vielmehr sind die weitläufigen Gebäude mit Zinnen und Türmen erst nach 1871 auf dem Gelände eines Hofes „Gugedorp" errichtet worden, der schon im 12. Jh. genannt wurde und bis zur Säkularisation im Besitz des Klosters Schwarzrheindorf war. Der Klosterhof war eine einfache geschlossene Vierflügelanlage in der freien Feldflur, was dem Repräsentationsbedürfnis im neuen Kaiserreich nicht mehr genügte. Vor den Hof legte man in Richtung der Brühler Schlösser eine historisierende Kulissenarchitektur, die durch die stilistische Unterschiedlichkeit und die wechselnden Gebäudeproportionen den Eindruck einer historisch gewachsenen Herrenhausanlage erwecken sollte. Der breit gelagerten Schaufront mit ihren differenzierten, aufgeputzten Gliederungselementen entspricht eine weitgehend kahle Rückansicht zum ehemaligen Wirtschaftshof.
Alle Elemente sind dem historischen Burgen- und Schloßbau entnommen und wirken auf den ersten Blick überzeugend herrschaftlich, was bei näherer Betrachtung nicht zutrifft. Abgesehen vom überwiegend schlechten Zustand, der sich nicht nur den schnell wechselnden Besitzern und Nutzern in den letzten Jahrzehnten verdankt und bereits zu schwerwiegenden Substanzverlusten geführt hat, haben Untersuchungen ergeben, daß die ganze Anlage handwerklich und technisch von höchst fragwürdiger Qualität ist – eine für die ansonsten technisch eher überragende Baukunst des 19. Jh. eine Überraschung. Seit 2004 wird die sogenannte Godorfer Burg mit erheblichen finanziellen Mitteln von Grund auf saniert.

Burg Schwadorf

Die Burg Schwadorf wurde nach ihren langjährigen Besitzern auch Schallenburg genannt. Die Herren von Schall entstammen einem alten Kölner Patriziergeschlecht, das seit 1282 den Zusatz von Bell führte und im Köln/Bonner Umland reich begütert war. Die Burg in Schwadorf, von der es keine früheren Nachrichten gibt, besaßen sie mindestens seit dem 15. Jh., bis sie 1694 durch Heirat an den Freiherrn von Erlenkamp fiel. Dieser nahm einen durchgreifenden Umbau der Burggebäude vor. Obwohl die Burg landtagsfähig war, mußten ihre Besitzer dem Schwadorfer Grundherrn, dem Severinsstift in Köln, Steuern zahlen, weswegen 1762 Anna von Erlenkamp die Schallenburg ihrem Vetter August Schall von Bell auf Morenhoven übertrug, der sie aus dem selben Grund 1788 an Arnold Spürk verkaufte. Damit hatte sie als Adelssitz ausgedient. Die Schallenburg war eine zweiteilige Wasserburg, deren dreiflügelige Vorburg im Norden Anfang des 19. Jh. abgerissen und durch das wesentlich kleinere „Höfchen" südlich der Burg ersetzt wurde. Das Herrenhaus ist im Kern ein spätmittelalterlicher Bau mit zwei diagonal versetzten runden Ecktürmen. Um 1700 wurde der rückwärtige Flügel angebaut, alle Fenster verändert, das schöne Barockportal eingesetzt und die Turmhelme als Schweifhauben neu errichtet. Der letzte Umbau nach 1900 betraf die großen Laternenaufbauten auf den Türmen. Heute ist die Schallenburg in Wohnungen aufgeteilt und vermietet.

2

Etappe 2 – Von Brühl über Weilerswist nach Rheinbach

35 km

Von Brühl aus geht es zunächst durch den renaturierten, ehemaligen Braunkohletagebau, der heute zum Naturpark Kottenforst-Ville gehört. So beherrscht der Wald den ersten Teil des Weges nach Rheinbach. Von Weilerswist an wird der Swist auf dem burgenreichen Weg durch die Gemeinde Swisttal nach Heimerzheim und weiter über Morenhoven und Peppenhoven nach Rheinbach gefolgt.

Gegenüber der ***Brühl-Info*** gleich neben dem Rathaus führen *Steinweg* und *Carl-Schurz-Straße* unter der Bahnlinie am Haltepunkt Brühl-Mitte hindurch. Halb rechts geht es auf der *Schlaunstraße* bis zur *Wilhelm-Kamm-Straße*. Hier wird links abgebogen und die *Römerstraße* überquert. Nach etwa 1,5 km leicht bergan auf dem *Rodderweg* zweigt links der *Erlengrund* ab, an dessen Ende hinter den Absperrungen rechts auf den Waldweg abgebogen wird.

Nach gut 500 m zweigt links ein fester Weg ab, der zum „Großen Stern“ führt. Hier geht es weiter geradeaus, bis nach 600 m scharf rechts abgebogen werden muß. Dieser Weg macht einen Linksknick, anschließend wird erneut links abgebogen. Nach einer Weile durch den Wald wird ein freier Platz mit Picknick-Möglichkeiten erreicht, an dessen Ende nach einer Gebäudegruppe der Weg links zum „Hutanus Platz“ führt (rechts geht es weiter über Liblar zur ***Erft-Radweg***). Hier wird rechts neben der Waldhütte weiter gefahren. Nach gut 1 km besteht rechts ein Zugang zum Donatussee. Kurz danach wird der Weg erneut nach links verlassen und der linke Weg an der Gabelung gewählt. Anschließend geht es rechts ein Stück auf Asphalt in einem Linksbogen den Hang hinauf. Nach weiteren 500 m macht der Weg eine Rechtskurve und führt nun immer geradeaus, unter der Autobahn *A 553* hindurch zur *L 194*.

Hinweis: Das Wegesystem im Naturpark Kottenforst ist nicht immer gleich zu durchschauen und die Gefahr, sich zu verfahren, ist relativ groß. Deshalb achten Sie bitte auf den kommenden Kilometern sehr genau auf den Wegverlauf.

Etwas rechts versetzt geht der Weg weiter durch den Wald. Nach dem Parkplatz „Schnacke Jagdweg“ zweigt links die Zugfahrt, am Berggeistweiher vorbei, zum Dominikaner-Kloster, auch **Rheindorfer Burg** genannt, ab. Damit besteht hier Anschluß an ***Etappe 5*** (s.S. 93).

Wer nach dem Parkplatz weiter geradeaus gefahren ist, zweigt an der Schutzhütte halb rechts ab und folgt diesem leicht kurvenreichen Weg bis zur Kiesgrube. Am Ende geht es rechts weiter, an der Landstraße wird links abgebogen. Die folgende Straße *Am Swisterberg* führt links zum **Swister Türmchen** (s.S. 36).

Zurück auf der Landstraße geht es den Berg hinunter, um dann links, noch vor der Bahntrasse, der breiten *Dobschleider Straße* zu folgen. Nach 150 m zweigt rechts ein Weg ab, der vor dem Bahndamm links abknickt. Über eine Brücke wird die Swist gequert und anschließend links dem asphaltierten Weg neben dem Bach gefolgt.

Brühl – Stadt mit Kultur, Flair und Zukunft

Die über 700 Jahre alte Stadt Brühl mit ca. 46.000 Einwohnern liegt verkehrsgünstig an der Rheinschiene zwischen den Oberzentren Köln und Bonn.

Brühl verfügt über ein beispielhaftes kulturelles Angebot. Ein kulturhistorisches Highlight ist Schloß Augustusburg mit seiner klassischen Gartenarchitektur. In unmittelbarer Nähe liegt das Jagdschloß Falkenlust, welches zusammen mit **Schloß Augustusburg** zum **UNESCO-Welterbe** zählt.

Ebenso interessant ist das **Max-Ernst-Museum**. Das Museum entstand im denkmalgeschützten Benediktusheim von 1844 in unmittelbarer Nähe zu Schloß Augustusburg. Hier wird weltweit das erste Kunstzentrum eröffnet, dass sich umfassend dem Lebenswerk des Malers Max Ernst (1791 – 1976) widmet, dem weltberühmten Sohn der Stadt Brühl. Weitere Museen wie z.B. das Museum für Alltagsgeschichte, das Keramikmuseum und das finanzgeschichtliche Museum der Bundesfinanzakademie sind ebenso lohnenswert.

Im Freizeitbereich stellt das Phantasialand ein absolutes Highlight dar. Hier werden Attraktionen und Abenteuer für jedes Alter angeboten mit phantastischen Shows und atemberaubenden Fahrten. Ebenso attraktiv ist für den Erholungssuchenden das Naherholungsgebiet Kottenforst – Ville mit seinen zahlreichen Seen und Wäldern sowie Rad- und Wanderwegen.

Die Stadt Brühl bietet eine attraktive und reizvolle Innenstadt mit altem, historisch gewachsenem Ortskern. Zahlreiche Geschäfte sowie Cafés und Eisdielen laden zum Bummeln und Verweilen ein. Ebenso attraktiv ist das gastronomische Angebot mit zahlreichen Gourmet-Restaurants, Bistros und Kneipen.

Als regionaler Anziehungspunkt gilt Brühl wegen seiner vielgestaltigen Festivals und Märkte sowie seines attraktiven Kulturprogramms. Bundesweit bescheren die Brühler Schloßkonzerte der Schloß- und Musikstadt Brühl seit Jahrzehnten einen hohen Bekanntheitsgrad.

brühl-info

Uhlstraße 1 • 50321 Brühl • Tel. 0 22 32 / 7 93 45 • Kartenvorverkauf: 0 22 32 / 7 95 69 • www.bruehl.de

Zwei Straßen werden überquert, und wenn die Swist einen leichten Linksknick macht, führt vor einem Gatter rechts der Weg zur *L 163*. Hier kann nun dem neuen Radweg links bis nach **Metternich** gefolgt werden. Die *Meckenheimer Straße* führt durch den Ort. Wer der *Bergstraße* links und anschließend der *Wasserburgstraße* folgt, kommt so zur **Burg Metternich** (s.S. 37).

Die *L 163* führt weiter nach Heimerzheim (der Radweg soll hier ebenfalls 2005 fertig werden). Etwa 400 m vor der Straßenbrücke zweigt links die Zufahrt zur **Burg Kriegshoven** (s.S. 38) ab. Wer hier an der Landstraße links und gleich wieder rechst abzweigt und dem separaten Radweg neben der Swist durch Heimerzheim folgt, kommt schließlich zur **Burg Heimerzheim** (s.S. 39).

Auf dem Weg nach Rheinbach wird dem Radweg neben der Swist gefolgt. Nach 5 km mal rechts, mal links des Baches wird die *B 56* erreicht. Nach dem Überqueren der Bundesstraße (Vorsicht!) kann an der zweiten Swist-Brücke ein Abstecher auf der ***Wasserburgen-Route*** zum **Schloß Miel** (s.S. 40) eingelegt und anschließend auf einer anderen Route nach **Rheinbach** mit der Möglichkeit eines Abzweiges nach Kuchenheim zum Rheinischen Landesmuseum „Tuchfabrik Müller“ (s.S. 63, 74) gefolgt werden (Wegbeschreibung siehe ***Etappe 4*** S. 63).

Wer der Swist weiter geradeaus folgt, kommt schließlich nach **Morenhoven**, die *Burgstraße* links führt hinauf zur **Burg Morenhoven** (s.S. 41). Hier besteht auch eine Querverbindung nach **Buschhoven** zur ***Etappe 5*** (s.S. 91). Zur Weiterfahrt wird die Swist überquert. Links kommen von Flerzheim die ***Wasserburgen-Route*** und ***Etappe 4*** entgegen. Auf dem Weg nach Rheinbach aber wird dem Radweg neben der *L 493* über **Peppenhoven** gefolgt. Von der Kreuzung aus ist rechts ein kurzer Abstecher zur **Burg Peppenhoven** (s.S. 43) möglich. Die Straße weiter geradeaus gefahren führt über die Autobahn *A 61* und in **Rheinbach** auf der *Keramikerstraße* zum Bahnhof. Zum Endpunkt dieser Etappe können nach einer Rechtskurve links die Gleise überquert werden. Die Straße *Vor dem Dreeser Tor* führt zum *Wilhelmplatz*, wo rechts und dann auf den *Himmeroder Wall* links abgebogen das **Glasmuseum**, sowie der Hexenturm an der **Rheinbacher Burg** (s.S. 49), und somit das Ziel dieser Etappe erreicht ist.

Keramikmuseum

Das Brühler Keramikmuseum ist in einer ehemaligen Stellmacherei aus dem 19. Jahrhunderts untergebracht. Das ganze Mittelalter hindurch war die Töpferkunst im Brühler Raum beheimatet. Das Museum beherbergt eine Keramikwerkstatt, in der Repliken, aber auch Gefäße nach eigenen Entwürfen gefertigt werden. Unter anderem kann man hier auch erfahren, wie sich z.B. die Tasse im Laufe der Geschichte entwickelte und wie sie heute entsteht. Angeboten werden Führungen sowie Kurse mit verschiedenen Schwerpunkten.

Kempishofstr. 10
Geöffnet: Mi 15.00 – 17.00 Uhr
Sa, So 14.00 – 18.00 Uhr, sowie nach Vereinbarung
Tel.: 0 22 32 / 4 83 25 oder 4 26 42

Museum für Alltagsgeschichte

In einem Fachwerkhaus aus dem Jahre 1744 sind die Brühler Zeugnisse der Alltagsgeschichte und die Entwicklung der damaligen Lebensumstände von der Römerzeit bis heute dokumentiert. Darüber hinaus werden in Themenausstellungen Aspekte der Vergangenheit im Vergleich zur gegenwärtigen Lebensform künstlerisch in Szene gesetzt.

Kempishofstr. 15
Geöffnet: Mi, Sa, So 15.00 – 17.00 Uhr,
So zusätzlich 11.00 – 13.00 Uhr, sowie nach Vereinbarung
Tel.: 0 22 32 / 4 83 25

Schloß Augustusburg

Der Ort Brühl gehörte seit dem 10. Jh. dem Erzbischof von Köln, der hier eine wasserumwehrte starke Burg unterhielt. Ende des 13. Jh. neu errichtet, wurde die Burg nicht nur Verwaltungszentrale über den großen umliegenden Grundbesitz, sondern ein beliebter Aufenthaltsort der Erzbischöfe und Kürfürsten und von 1469 bis 1597 sogar Sitz der kurkölnischen Regierung. Nachdem die Landesburg viele Kriege überstanden hatte, wurde sie 1689 bis auf die Umfassungsmauern von französischen Truppen zerstört.

Ab 1725 ließ der Kurfürst und Erzbischof Clemens August von Bayern auf ihren Mauern nach Plänen des kurfürstlich-kölnischen Hofbaumeisters Johann Conrad Schlaun und nach 1728 vom kurfürstlich-bayrischen Hofarchitekten Francois de Cuvilliés ein dreiflügeliges Jagdschloß namens Augustusburg errichten, das schon bald zu seiner Lieblingsresidenz und in der Folge zu einem der glanzvollsten Barockschlösser in Deutschland und Europa ausgestaltet wurde. Der Ehrenhof der Ostseite umfaßt Haupteingang und Durchfahrt im Mitteltrakt mit dem berühmten Treppenhaus von Balthasar Neumann (ab 1743), von dem aus die Prunksäle und die prächtigen Staatsappartements im südlichen Obergeschoß ausgehen.

Nach Schlauns Konzept für ein Jagdschloß waren die Hauptraumfolgen ursprünglich im Nordflügel untergebracht und wurden von Cuvilliés nach barocken Idealvorstellungen von einem Residenzschloß neu und noch aufwendiger im Südflügel eingerichtet – orientiert auf die großen Terrassen und das neue Gartenparterre von Dominique Girard, das entgegen der ursprünglichen Planung eines kleinen Gartens vor der Ostfassade jetzt als große Lösung mit Spiegelweiher und Fontäne Schoß und Jagdwald miteinander verband. Im Erdgeschoß des Südflügels entstand als Wohnung des Kurfürsten das in den bayrischen Wappenfarben weißblau gekachelte Sommerquartier mit Kapelle. Die höchst aufwendige Ausstattung des ganzen Schlosses mit Stuckaturen und Deckengemälden, thematisch auf die Verherrlichung des Kurfürsten und seiner bayrischen Familie ausgerichtet, markiert den Höhepunkt des deutschen Rokoko und geht auf Künstler wie Giuseppe Artario und Carlo Carlone zurück. Cuvilliés verzichtete auf die altmodische Wasserumwehrung und die noch von Schlaun in den Barockbau integrierten Rundtürme der Westseite. Nach Westen sind der Wirtschaftshof und die Verwaltungsgebäude vorgelagert, wie schon bei der mittelalterlichen Burg. Die meisten Räume sind trotz Vernachlässigung im 19. Jh. in gutem, teilweise ganz originalem Zustand, was in erster Linie den preußischen Königen zu verdanken ist, die das Schloß als rheinische Residenz nutzten.

Selten kann man barocke Repräsentationsvorstellungen und barocke Weltsicht so vollständig und eindrucksvoll erleben wie in Clemens Augusts persönlichster Schöpfung, deren Vollendung er nicht mehr erlebt hat. Erst sein Nachfolger Max Friedrich ließ den Bau bis 1770 fertig stellen, teilweise mit Ausstattungen aus anderen Schlössern. Die ursprüngliche Ausstattung ist weitgehend verloren, doch Gestaltung und Ausmalung der Räume vermitteln noch immer das Gepräge eines höfischen Gesamtkunstwerkes auf höchstem Niveau. Nach schweren Kriegsschäden wurde das Schloß mit Garten ab 1946 durch das Land NRW grundlegend instandgesetzt und ist heute Museum. Zusammen mit Schloß Falkenlust wurde es als Weltkulturerbe eingestuft.

2

Max-Ernst-Museum

Max Ernst (1891 in Brühl – 1976 in Paris) gehört zu den Begründern des Surrealismus und gilt als einer der bedeutendsten Künstler des 20. Jahrhunderts. Im Jahr 2005 wird in Brühl das Max-Ernst-Museum eröffnet. Die künstlerischen und finanziellen Rahmenbedingungen für das Museum werden durch die Stiftung Max Ernst geschaffen, der die Kreissparkasse Köln, der Landschaftsverband Rheinland und die Stadt Brühl angehören. Die Schwerpunkte des Museumsbestandes sind 70 Skulpturen aus dem Besitz des Künstlers sowie die umfassende druckgraphische Sammlung Schneppenheim, die durch das Engagement der Kreissparkasse Köln für das Museum gesichert werden konnten. 500 Porträts und Dokumente von namhaften Fotografen, u.a. Man Ray, Lee Miller und Berenice Abbott, gewähren Einblicke in Leben und Werk des Künstlers.

Comestraße 42

Öffnungszeiten: Di – So 11.00 – 21.00 Uhr

Mo geschlossen

Kulturinfo Rheinland Tel.: 01805/743465263

www.kulturinfo-rheinland.de,

www.maxernstmuseum.de

Schloß Falkenlust

Ein Wandgemälde im Treppenhaus von Schloß Augustusburg zeigt das Jagdschloß Falkenlust bei Brühl noch so, wie sein Bauherr, der junge Kurfürst Clemens August, es sich vorgestellt und erlebt hat: abseits der Residenz in den weiten Rheinauen gelegen, in denen man mit kleiner Gesellschaft auf die Falkenjagd ging, der anspruchsvollsten und edelsten fürstlichen Jagdart überhaupt. Die heutige Lage an der Autobahn entspricht rheinischem Pragmatismus, aber auch der Ignoranz unserer Zeit gegenüber kulturellen Höchstleistungen. Das ist diese intimste Schöpfung des kunstfreudigen und lebenslustigen Fürsten zweifellos, der ein Entwurf des Francois de Cuvilliés zugrundeliegt. Von 1729-1738 wurde Falkenlust mit geradezu fürstlichem Aufwand gebaut und gilt als eines der exqisitesten Kleinschlösser des deutschen Barock. Es diente des Fürsten Lieblingsbeschäftigung, der höchste Tugenden verlangenden Jagd mit abgerichteten Falken auf Reiher, die es in der damals weit offenen Landschaft um Brühl noch in reichem Maße gab. Hier begann und endete die Jagd, oft als prächtiges Gesellschaftsereignis in Saal und Vorhof inszeniert. Auch seine diskreten Rendevous verlegte der Kurfürst und Erzbischof gerne nach Falkenlust. Dieser Nutzung und der Architekturtheorie entsprechend ist das Hauptgebäude ist eine klassische Maison de Plaisance nach französischer Art in den Formen der Régence. Alle Fassaden sind symmetrisch und von feinster, eleganter Wandflächengestaltung. Wenige, aber exzellente Ornamente dekorieren den Bau zum Thema Jagd, während die Nebengebäude für Hauswirtschaft und Falknerei sich als schlichte Dreiflügelanlagen um Innenhöfe der Gesamtwirkung unterordnen. Vom Belvedère auf dem Dach ist eine weite Rundsicht über die einst so schöne Landschaft möglich. Im Schloß findet sich die obligatorische Struktur einer Maison mit durchgehender Mittelachse von Vestibül und Salon, die von einem Appartement aus Garderobe, Kabinett, Schlafzimmer, Eßzimmer und Treppenhaus umschlossen wird. Dieser Disposition entspricht das Obergeschoß, woraus die Bestimmung des Hauses für den Kurfürsten und einen Gast hervorgeht. Im Erdgeschoßsalon, in dem sich die Jagdgesellschaft versammelte, schmücken lebensgroße Portraits der Münchener Verwandtschaft des Kurfürsten die Wände, der als Erzbischof von Köln ja keine eigene Familie haben konnte. Stukkaturen, Wand- und Deckengemälde, Vertäfelungen, weißblaue Delfter Kacheln (in den bayrischen Wappenfarben) und Plastiken nehmen Bezug auf die Jagd und andere Liebhabereien des Kurfürsten, und das auf so hohem Niveau, daß der Rang des Bauherrn dadurch jedermann deutlich wurde. Schloß Falkenlust wurde zum Vorbild für viele Bauten des rheinischen Adels.

Swisttaler Türmchen

Groß ist er nicht, der mitten auf einer Waldlichtung stehende Kirchturm, der die Swistaue bei Weilerswist überragt, aber es ist sehr alt. Das „Swisttaler Türmchen“ stammt noch aus romanischer Zeit und war einst Teil der Pfarr- und Wallfahrtskirche des längst verschwundenen Dorfes Swist. Die 1224 erstmals urkundlich genannte, im Besitz des Kölner Stifts St. Gereon befindliche und daher dem hl. Gereon geweihte Kirche geriet im Verlauf des 18. Jh. in Verfall. 1828 wurde das marode Kirchenschiff abgerissen, der Turm aber überdauerte die Zeit, in dessen Inneren sich heute eine Kapelle befindet. Die Fundamentreste der Kirche stammen wohl aus dem 9.Jh. und wurden offensichtlich

über einem römischen Heiligtum errichtet.

Vieles deutet darauf hin, dass die christliche Verehrung der hl. Schwestern Fides, Spes und Caritas und ihrer Mutter, der hl. Sophia, die als frühchristlichen Märtyrerinnen gestorben sein sollen, sich aus dem am Eifelrand zu Römerzeiten weitverbreiteten Matronenkult herleitet. Dass sie Fides (= Glaube), Spes (= Hoffnung) und Caritas (= Liebe) genannt werden, ihre Mutter zudem Sophia (= Weisheit) heißt, legt nahe, dass man sie nicht nur als historische Personen, sondern auch als Personifikationen der sogenannten christlichen Tugenden verstand. Eine solche symbolische Deutung der Heiligen setzte sich bereits im 10. Jh. durch.

Das Zentrum der Verehrung der drei heiligen Schwestern im Rheinland liegt auf dem Swisterberg. Im 16. und 17. Jh. war die Blütezeit der christlichen Wallfahrt. Die Pilger beteten um Fruchtbarkeit und gute Ernten und erflehten Schutz vor Pest, Hunger, Krieg und Seuchen. Hier auf dem Swisterberg fand der Jungfernpfad, auch Blutpfad genannt, sein Ziel, der ab Brenig dem „Heerweg“, der im Mittelalter bedeutenden Fernstraße Bonn-Aachen, folgte und der auch heute wieder gerne von Jakobspilgern benutzt wird – als Station auf dem Pilgerweg nach Santiago de Compostela.

Burg Metternich

Die reizvolle, gepflegte Burg Metternich an der Swist erscheint wie das Idealbild eines kleinen, gleichwohl landtagsfähigen Rittersitzes im Rheinland, das die Jahrhunderte seiner Geschichte nicht verleugnet und doch bis heute einen ungeschmälerten Wohn- und Repräsentationswert besitzt.

Eine Nebenlinie der Herren von Alfter gründete wohl noch im 13. Jh. die Burg Metternich und nannte sich nach ihr. Sie war wie Alfter ein Kölner Lehen und blieb bis 1692 im Besitz der Familie, die den Alfterer Löwen im Wappen führte, im Gegensatz zur zweiten Metternicher Adelsfamilie mit den Muscheln im Wappen (auf Haus Velbrück). Dann wurde sie an den frisch geadelten kurkölnischen Geheimrat Franz Wilhelm von Schönheim verkauft, der wie der Herr von Buschmann auf Kriegshoven jetzt einen standesgemäßen Adelssitz benötigte. Seine Nachkommen vererbten sie an die Herren von Merle, denen sie den schönen Landschaftspark verdankt. 1879 kaufte das nunmehr landtagsfähige preußische Rittergut Freiherr Franz von Schorlemer, erneuerte die Vorburg und modernisierte das Herrenhaus. Seit 1895 gehört Metternich den Freiherren Spies von Büllesheim. Der Swistbach speist seit jeher die Wassergräben der zweiteiligen Burg, wenn auch die ehemalige Vorburg seit ihrem vollständigen Neubau als moderner Gutshof um 1980 aus pragmatischen Erwägungen keine Grabenumwehrung mehr aufweist. Das Herrenhaus allerdings liegt noch immer distanziert in seinem großen Teich und ist über eine einzige, ursprünglich hölzerne Brücke zugänglich.

Ältester Teil und Kern des Hauses ist ein wohnturmartiger Bau im Südflügel, erkennbar an seinen Baunähten und dicken Mauern, der aus altertümlichem Feldsteinmauerwerk errichtet wurde und spätestens im 13. Jh. entstanden sein muß. Erhalten ist sein Kellergeschoß, auf dem im nächsten Jahrhundert der Südflügel aufgebaut wurde. Dieser besteht aus Backsteinen und ist deutlich größer und länger, ähnlich dem Burghaus in Satzvey und wie dieses nachträglich mit einem Eingangsturm und einem Zwinger verstärkt.

1629 wurde der Nordflügel angebaut, um einem repräsentativen Saal Raum zu bieten, und gleichzeitig das ganze Herrenhaus modernisiert. Es erhielt größere Fenster, Schweifgiebel, neue Stuckdecken, Dachstühle und Treppen, ein barockes Hauptportal und den bemerkenswerten Brunnen im Hof. Unter den vielen Metternichschen Besitzungen im Rheinland war die Stammburg eine der heitersten, gemessen an der Bauzeit mitten im Dreißigjährigen Krieg geradezu frivol. Dem Schorlemerschen Umbau ab 1879 gebrach es dagegen an jeder Form von Frivolität, denn er hatte eine innere Umstrukturierung zum Ziel, die das komplexe und differenzierte adelige Leben nach viktorianischem Vorbild ermöglichen sollte: Im Souterrain Wirtschaftsräume, im Erdgeschoß die Belétage, im Obergeschuß die herrschaftlichen Privat- und Schlafräume, im Dachgeschoß Wäsche- und Bügelzimmer und die Kammern der Bediensteten. Das wirkte sich bis in die Außenerscheinung aus, da Turm- und Hausdächer erhöht und die Fenster erneut vergrößert werden mußten. Eine neue Innenausstattung orientierte sich am vorherrschenden ländlichen Barockstil und gab dem Interieur eine qualitätsvolle einheitliche Anmutung. Wie sehr das Bewahren des Überlieferten den Bauherren wichtig war, zeigt die Integration des Barocktores in den Neubau des Gutshofes von 1880. In diesem Zustand ist die gepflegte Burg bis heute erhalten und bewohnt.

Burg Kriegshoven

2

Abseits vielbefahrener Wege, in einem idyllischen Winkel und doch nicht etwa versteckt, am Ende einer langen Allee, liegt die Burg Kriegshoven, deren martialischer Name nichts mit Krieg zu tun hat, sondern aus einer Verbindung des Wortes Hoven für Hof und einem Personennamen des ursprünglichen Hofbesitzers in fränkischer Zeit entstanden ist. 1247 werden der Herr von „Creshovin" und seine Frau erwähnt; 1332 ist die Burg „Chryrschoven" dann als Kölner Lehen im Besitz des Ritters Gerhard von Alfler aus dem Hause der Kölner Erbmarschälle. Seine Tochter bringt Kriegshoven an ihren Gatten Johann von „Creichshoven". Über die Schwester ihres zweiten Gatten gelangt Kriegshoven an deren Mann Otto von Metternich, der dadurch einer der sechs Herren von Heimerzheim wird. Zu seiner Zeit muß die Burg an der jetzigen Stelle neu erbaut worden sein, denn die Burg „Alden Kriechhoven" in der Swistaue war bereits aufgegeben.

Die Burg des Otto von Metternich bestand aus einem einfachen Burghaus mit separater Vorburg und dem obligatorischen Zugang von der Seite wie heute noch. 1535 teilten Johann und Christoph von Metternich Burg und Vorburg unter sich auf, wobei nur die mittlerweile vergrößerte Hauptburg weiterhin kurkölnische Rittersitzqualität hatte, bis um 1600 beide Besitztümer wieder in einer Hand vereinigt waren. Seit der Zeit heißt die Vorburg auch Plettenberger Hof.

Zwischen 1608 und 1618 erneuerte Johann von Metternich die Gebäude, die im Dreißigjährigen Krieg beschädigt wurden. Den hoch verschuldeten Besitz verkauften seine Erben 1654 an den kurkölnischen Geheimrat und Kanzler Dr. jur. Peter Buschmann, der aufgrund seiner brillanten Verhandlungen zum Westfälischen Frieden (1645 bis 1648) in den Adelsstand erhoben worden war und nun einen seinem neuen Status angemessenen Rittersitz im Kurkölner Land benötigte. Dafür ließ er die verfallene Burg auf altem Grundriß und teilweise auf den alten Grundmauern als zweigeschossigen Winkelbau mit Treppengiebeln und achteckigem Treppenturm praktisch neu aufbauen. Auf die Wehrmauern um den Hof verzichtete er, und das Innere wurde im Zeitgeschmack repräsentativ gestaltet. Seine Bildung demonstrierte er in Details wie der hölzernen Treppenspindel im Turm, die, basierend auf einem Delphin als Sinnbild der Unterwelt und endend in einem Granatapfel als Sinnbild des Paradieses, die Weltachse symbolisieren.

Auf einer heute am Halfenhaus der Vorburg angebrachten Takenplatte ließ sich Peter von Buschmann zu Pferde darstellen, was für ein gut entwickeltes Selbstbewußtsein spricht, seiner Akzeptanz durch den einheimischen Uradel aber nicht eben förderlich war. Durch Heirat fiel Kriegshoven 1773 an den Kölner Patrizier Peter von Beywegh, dessen Familie es bis 1789 besaß. Ferdinand Joseph von Beywegh auf Kriegshoven war von 1732 bis 1756 Bürgermeister von Köln.

Über die Freiherren von Carnap kam der Besitz 1868 an Emil von Wülfing und wurde von diesem mit Hilfe des Malerarchitekten Wilhelm Graf Moerner zur heutigen Größe ausgebaut. Durch spiegelbildliche Verdoppelung des Grundrisses erhielt das Herrenhaus eine dreiflügelige Gestalt mit zwei Treppentürmen, einer loggienartigen Vorhalle und einer großen Freitreppe, wobei die barocken Räume im Inneren bis in Details bewahrt blieben. Seit 1952 ist Kriegshoven Besitz der Familie von Scherenberg, die hier auch wohnt und wirtschaftet und die romantische Gebäudegruppe samt Landwirtschaft einfühlsam erhält.

Burg Heimerzheim

Heimerzheim gehört zu den im Rheinland nicht ganz seltenen Dörfern mit mehreren Adelssitzen. Grundherr von Heimerzheim war das Stift St. Kunibert in Köln, für das abwechselnd die sechs Besitzer von vier befestigten adeligen Höfen und zwei Burgen die Herrschaft ausübten. 1353 wurde die freie Herrschaft Heimerzheim auf kaiserliches Dekret dem Erzbischof von Köln als Unterherrschaft unterstellt. Die örtliche Regierung blieb in den Händen der adeligen Ortsherren, als deren vornehmste die Herren von Heimerzheim auf der gleichnamigen Wasserburg an der Swist galten.

1324 hatte der Deutsche Ritterorden die Burg gekauft und hier eine Kommende eingerichtet. Wegen seines kräftezehrenden Engagements im Osten mußte der Orden Burg und Land in Heimerzheim schon 1360 an den kurkölnischen Erbmarschall Johann von Alfter, verkaufen, der die Burg seinem Erzbischof zu Lehen und Offenhaus auftrug. 1394 starb Konrad von Alfter als letzter seines Stammes, und das Lehen wurde an Wilhelm von Saffenberg vergeben, ihm folgte Johann von Bell. 1454 fiel es an das Erzstift zurück, das die Burg mit sieben Leuten selber bewirtschaftete. Ab 1490 waren Burg und Herrschaft verpfändet, bis sie 1529 Wilhelm von der Horst durch Tausch erwarb. Sein Ururenkel Degenhard Ludwig verkaufte Heimerzheim 1684 an den Kölner Patrizier Johann Peter von Meinertzhagen, dessen riesiges Vermögen auf dem Besitz der Bleibergwerke zu Mechernich basierte.

Sein Sohn Gerwin Gabriel erweiterte von 1687 bis 1701 das Herrenhaus, mußte sich aber dafür hoch verschulden. 1724 erbte Heimerzheim sein Schwager Franz von Quentel aus der berühmten Kölner Buchdrucker- und Verlegerfamilie, die 1686 in den Reichadelsstand und 1714 in den Reichsfreiherrenstand erhoben worden war. 1773 verkauften dessen Enkelinnen den Besitz an Maximilian Freiherrn von der Heyden genannt Belderbusch, Bruder des allmächtigen Premier- und Staatsministers von Kurköln. Durch Heirat der letzten Erbtochter aus dem Hause Belderbusch fiel Heimerzheim 1825 an die Freiherren von Boeselager, denen es noch heute gehört.

Die zweiteilige Burganlage, Herrenhaus und Vorburg auf getrennten wasserumwehrten Inseln, geht auf einen Neubau Anfang des 14. Jh. zurück. Die dreiflügelige Vorburg entstand noch vor 1360 und ist durch den Nordflügel zugänglich, dessen Torbau und Ecktürme zu den ältesten Bauteilen der Burg zählen. Der Westflügel samt der hölzernen Galerie wurde 1945 zerstört und bis 1959 wiederaufgebaut, während die große Scheune auf der Ostseite aus dem 18. Jh. stammt. Das Herrenhaus entwickelte sich aus einem einfachen Burghaus zum Winkelbau mit Ecktürmen und Wehrmauern, die den kleinen Innenhof umschlossen. Der Meinertzhagensche Umbau erweiterte den Westflügel um eine Raumflucht, die den Eckturm einschloß. Dieser ist noch an seinem separaten Dach und den schmalen spätgotischen Fenstern zu erkennen und enthält die Kapelle.

Der nördliche Eingangsflügel enthält das Portal mit rustiziertem Rahmen und Giebel und wird von zwei Treppengiebeln flankiert. Ein schmaler Ostflügel ergänzt das Gebäude zur Dreiflügelanlage nach Süden in Richtung barockes Gartenparterre, von dem noch eine Lindenallee erhalten ist. Eine ebenfalls barocke Steinbogenbrücke führt über den Graben. Im Inneren ist das Herrenhaus 1905 verändert worden, läßt aber noch die verschiedenen Bauphasen mit dem ältesten Burghaus im Kern erkennen.

Schloß Miel

2

Schloß Miel ist trotz ahistorischer Nutzung noch eines der am besten im Originalzustand erhaltenen rheinischen Landschlösser überhaupt, dazu mit einer faszinierenden und weitgehend erforschten Geschichte. Bis 1768 stand hier eine verfallene Wasserburg aus dem 14. Jh., die samt einer großen Unterherrschaft mit vielen Dörfern der allmächtige kurkölnische Hof-, Staats- und Premierminister Carl Caspar Anton Freiherr von der Heyden, seit 1782 Reichsgraf von Belderbusch, erwarb. Er, der zwanzig Jahre in genialer Weise den Kurstaat regierte, pflegte ein auch für das sinnenfrohe 18. Jh. ungewöhnliches Privatleben. Als Landkomtur des Deutschen Ordens hatte er nicht nur großen Einfluß und ein prächtiges Einkommen, sondern war auch zum Zölibat verpflichtet, das er mit einer lebenslangen Liaison mit der Gräfin Caroline von Satzenhoven umging, die ihrerseits Äbtissin des Damenstiftes zu Vilich war und mit Belderbusch drei Kinder hatte. Für ein ungestörtes Zusammenleben mit seiner Geliebten und seinen Kindern ließ er sich in Miel von 1769 bis 1771 nach Plänen des Poppelsdorfer Architekten Johann Georg Leydel eine hochmoderne „Maison de Plaisance" erbauen, die durch vordergründige Schlichtheit, ein durchgestaltetes Konzept und noble Eleganz besticht. Die Wirkung des heiteren Hauses war einst umso größer, da es von einem weiten Freiraum umgeben den künstlerischen Höhepunkt einer „lieblichen Landschaft" bildete, was heute weitgehend eliminiert ist. Schloß Miel war ganz auf unbeschwertes ländliches Familienleben auf hohem Niveau zugeschnitten und dabei der Stellung seiner Bewohner entsprechend höchst repräsentativ. Nach den Forderungen der französischen Architekturtheorie war dieses Schloß in jeder Hinsicht dem Rang seines Bauherrn angemessen, wertete ihn sogar auf und war zudem äußerst zweckmäßig und ökonomisch konzipiert. Es gibt das klassische „appartement double", Dégagements für das Personal, Haupt- und Nebentreppen und sogar, erstmalig in Europa, einen asymmetrischen Seitenflügel für die Dienstboten, die zwar in einfacheren Räumen lebten, aber mit Heizung und wassergespülten Toiletten denselben zivilisatorischen Komfort genossen wie die Herrschaft. Die Ausstattung war überwiegend schlicht, aber von hoher Qualität und formaler Eleganz, denn Belderbusch, so reich und mächtig er auch war, war bescheiden und geschmackssicher genug, auf privaten Prunk zu verzichten. Höhepunkt der formellen Raumfolgen ist der vom kurkölnischen Hofmaler F. Rousseau ausgemalte Gartensaal mit bukolischen Szenen in meisterhaften Rocaillerahmungen, die das Landleben und die Jahreszeiten thematisieren. Im Saal schnitten sich die heute zugewachsenen Parkachsen. Die Gartenanlagen von J. C. Lenné sind auf bestimmte Räume, z.B. das Schlafzimmer der Äbtissin, ausgerichtet, so daß Architektur, Garten und freie Landschaft in Miel aufs Schönste im Einklang standen und eine einzigartige gebaute Liebeserklärung darstellten. 1999/2000 wurden Außenbau und Gärten mit Hilfe der Eigentümer und des Landes, das Innere vom Förderverein Schloß Miel mit Hilfe der Deutschen Stiftung Denkmalschutz, des Rhein-Sieg-Kreises und der Gemeinde Swisttal auf den Originalzustand nach den historischen Quellen restauriert, die alle Baurechnungen und Baukorrespondenz umfassen. Danach wurde das Schloß nach einem Inventar von 1794 für eine Ausstellung („Der Riß im Himmel") von Mai bis Oktober 2000 mit den Originalstücken eingerichtet, die anschließend den Leihgebern zurückgegeben wurden.

Bemerkenswert: Nach dem Tode des Staatsbeamten von Belderbusch wurde dessen Besitz versteigert – zur Sanierung der Staatsfinanzen.

Burg Morenhoven

Versteckt hinter einer hohen Mauer und dichtem Baumbewuchs liegt am Westhang der Ville die Burg Morenhoven, deren Gräben und Teiche über einen mittelalterlichen Mühlengraben aus der nahe vorbeifließenden Swist gespeist werden. Mauern und Park sind jung, kaum 100 Jahre alt, denn vorher war es wichtig, eine Burg nicht zu verstecken, einmal, um freies Sicht- und Schußfeld zu haben, zum anderen, um die herrschaftliche Architektur auch angemessen wirken zu lassen. Sozialer Status ist nichts wert, wenn man ihn nicht sieht. Im 19. Jh. dagegen begann man, seine althergebrachte Sonderstellung vor den veränderten Realitäten des bürgerlichen Zeitalters zu verbergen. Herren von Morenhoven auf der gleichnamigen Burg gab es bereits 1229, aber sie verschwanden bald aus der Geschichte. Ihre Nachfolger, die Herren von Arenberg und Grafen von der Mark, mußten sich der Übermacht des Erzbischofs von Köln geschlagen geben und überließen ihm die Burg 1299. Der Erzbischof belehnte verschiedene Ritter mit der zweiteiligen Wasserburg, deren älteste Teile der spätgotische Torturm und einige Mauern des Herrenhauses sind und unter dem Amtmann Johann von Meinweg entstanden sein dürften, der auf der Burg Medinghoven saß. Von 1503 bis 1806 waren die Schall von Bell Herren auf Morenhoven; seitdem gehört die Burg der Familie von Jordans. Man betritt die Vorburginsel in mittelalterlicher Art von der Seite durch den auffälligen Torturm, der noch über die Einschlagsblende für die Zugbrücke verfügt und mit einem vorgekragten Wehrgang abschloß. Dessen Kragsteine sind erhalten, während alle anderen Vorburggebäude gegen Ende des 19. Jh. durch nüchterne Backsteinzweckbauten ersetzt wurden. Auf der Rückseite des Torturmes überrascht eine gußeiserne Wendeltreppe von 1827. Das Herrenhaus, ein blockhafter Bau um einen intimen Innenhof, verdankt seine heutige barocke Erscheinung Wilhelm Schall, der die türmebewehrte mittelalterliche Burg 1682 in ein dreiflügeliges Landschloß mit schönem Portal umbaute. Über dem antikisierenden Portal ließ er sein und seiner Frau Maria von der Vorst Allianzwappen anbringen. Die Innenräume und Fenster wurden 1777 gründlich modernisiert, wobei an der qualitätvollen Ausstattung Bonner Hofkünstler beteiligt waren. Insbesondere der prächtig mit Jagdtrophäen stuckierte Saal, die anschließenden Salons und das vertäfelte Eßzimmer sind erwähnenswert. Mit dem Neubau der Vorburg überformte man das Herrenhaus und gab ihm durch Treppengiebel und einen talseitigen Zwischenflügel wieder einen altertümlicheren Anstrich, der einer zeittypischen Sehnsucht nach Mittelalterlichkeit Rechnung trug. Auch wurde die im Barock geöffnete Talseite des Innenhofes durch einen Zwischenbau wieder geschlossen, um eine zeitgemäßere Intimität zurückzugewinnen. Die gepflegte Anlage in einem romantischen Park wird vollständig bewohnt und wird seit langem auch für private Festivitäten oder Besichtigungen geöffnet, die durch die historische, familiäre Atmosphäre des Hauses und die Herzlichkeit der Hausherrin unvergeßlich werden.

2

2

Burg Peppenhoven

Wie viele andere Orte der Region war auch Peppenhoven ursprünglich Königsgut, das als Schenkung der fränkischen Könige an die Abtei Prüm gelangte und dort 893 bezeugt ist. Einen prümschen Lehenshof wird es von Anfang an gegeben haben, und daraus dürfte die Burg entstanden sein, die Wymar von Peppenhoven 1351 dem Grafen von Neuenahr zu Lehen und Offenhaus auftrug. Während die Landesherrschaft zum Herzog von Jülich wechselte, hatten das Lehen die von Kessel, ab 1627 die Schall von Bell zu Lüftelberg inne. Von denen erbten es 1672 die von Werl, die hier 1703 ausstarben. Das Lehen fiel an den Herzog zurück und wurde neu vergeben. Es folgten die von Brunner, von Albada, von Martial. 1811 kaufte der Freiherr von der Vorst-Lombeck auf Lüftelberg Peppenhoven, 1825 Friedrich Freiherr von Boeselager, dessen Familie noch heute hier sitzt. Die zweiteilige Wasserburganlage zeigt ihre Gründung im 14. Jh. schon im Typ; klar zugeordnet das Herrenhaus zur dreiflügeligen Vorburg mit Zufahrt von der Seite. Der Torbau stammt von 1725, die anderen Trakte von 1828 und 1904, die ungewöhnliche neoromanische Kapelle von 1880. Das Herrenhaus erscheint heute als blockhafter Kubus und steht auf mittelalterlichen Fundamenten. Es wurde laut Mauerankern 1697 erbaut, wie das wenig ältere Morenhoven als Dreiflügelanlage mit einem kleinen Innenhof, der hier auf den Vorhof ausgerichtet war. Das Innere war zeitentsprechend über einen querliegenden Gang und einen Mittelflur erschlossen. Im 19. Jh. ist der Innenhof zur Eingangshalle überbaut worden. Seit 1965 wurde die Burg umfassend instandgesetzt.

3

Etappe 3 – Von Rheinbach nach Bad Godesberg

35 km

Im Schatten der Tomburg beginnt die Fahrt zum Rhein, quer durch die Plantagen der „Goldenen Meile“, dem größten Obstanbaugebiet Nordrhein-Westfalens. Dieser landschaftlich abwechslungsreiche Abschnitt kreuzt die Swistebene und führt durch Feld, Wald und Flur über den Töpferort Adendorf nach Berkum. Die Fahrt durch das „Drachenfelser Ländchen“ bietet landschaftlich gesehen einen der Höhepunkte der ***Bonner Burgenrunde***. Der phantastische Blick ins Rheintal entschädigt für den einzigen „harten“ Anstieg, eine 1 km lange Schieberei hinauf zum Naturschutzgebiet Rodderberg. Dann geht es am Rhein entlang nach Bad Godesberg.

Diese Etappe beginnt am Hexenturm der **Rheinbacher Burg** (s.S. 49). Von hier aus geht es zuerst auf der Allee *Stadtpark* hinauf bis zum Waldrand. Der linke, asphaltierte Weg führt weiter nach **Wormersdorf**. Am ersten Wegkreuz muß links und dann bei nächster Gelegenheit wieder rechts abgebogen werden. Auf Asphaltiertem geht es weiter bis in den nächsten Ort, vorbei an Sport- und Tennisplätzen und dem Schützenplatz. An der großen Kreuzung *Ahrweg/Tomberger Straße* zweigt rechts die Zufahrt zur **Ruine Tomburg** (s.S. 51) ab.

Geradeaus führt die *Floßstraße* zu einer Kirche, hinter der die Straße links abknickt. 50 m weiter zweigt dann am Friedhof rechts ein Feldweg ab, auf dem nach gut 1 km die Kirche an der *Hauptstraße* in **Wormersdorf** erreicht wird. Hier ist Vorsicht geboten, denn es muß ein kurzes Stück auf der Straße gefahren werden. Nach der Linkskurve zweigt nach etwa 50 m rechts die etwas versteckt liegende *Schulstraße* ab. Diese geht in **Ersdorf** in die *Kirchstraße* über. Am Ende, in der scharfen Rechtskurve, wird weiter geradeaus gefahren. Unten auf der *Burgstraße* angekommen, führt neben Garagen ein schmaler Weg direkt zur links etwas zurückliegenden **Altendorfer Burg (s.S. 52).**

Hier führt eine kleine Holzbrücke rechts über den **Altendorfer Bach**. Links endet nach knapp 200 m die Straße *Rosskamp* an der *Ahrstraße* (Vorsicht beim Überqueren!). Auf der anderen Seite geht es im *Krötenpfuhl* weiter. Hier lohnt sich ein Besuch der Edelobstbrennerei Brauweiler (s.S. 52). Am Ende dieser Straße muß rechts und an der Wegkreuzung wieder links abgebogen werden, um dann die Autobahn *A 61* überqueren zu können.

Abstecher nach Meckenheim und Zufahrt zum Bahnhof

An der **Burg Münchhausen** zweigt hinter der Koppel links ein Feldweg ab, der nach ein paar Kurven gemeinsam mit der Swist unter der Autobahn hindurch führt. Gleich dahinter geht es links auf einer Holzbrücke über den Bach. Der dann rechts abzweigende Schotterweg führt direkt nach **Meckenheim**. Die alte Ortsmitte mit ihren Gaststätten und Geschäften liegt auf der linken Swistseite. Wer dort der *Hauptstraße* immer geradeaus folgt, kommt am Hotel „Zwei Linden“ (s.S. 52) vorbei bis zu einem Kreisel. Rechts an der *Bonner Straße* liegen zahlreiche Obstbetriebe mit Ab-Hof-Verkauf (s.S. 93) wie auch das „City-Hotel“ (s.S. 62). Wer geradeaus fährt, erreicht schließlich den Bahnhof Meckenheim.

Rheinbach – Freizeit und Erholung

Ein Besuch, der sich lohnt, bestimmt auch für Sie!

Die Glas- und Hochschulstadt mit mittelalterlichem Stadtkern – Reste der ehemaligen Stadtbefestigung und der **Rheinbacher Burg (Hexenturm)** – hat auch sonst viel zu bieten: vielfältige Geschäfte, Museen, gepflegte Cafés, (Außen-) Gastronomie, Schulen, Sport- und Freizeiteinrichtungen sowie ein reichhaltiges kulturelles Angebot.

Während der Freizeitpark mit seinem Angebot wie z.B. Minigolfanlage, Beach-Volleyballplätze, Grillplätze, Skater-Anlage u.a. Spiel- und Sportmöglichkeiten für Jung und Alt bietet, können Sie mit Ihrer Familie im Sport- und Erlebnisbad „monte mare“ mit Tauchparadies, 2 Riesenrutschen, Saunabereich und der „Oase der Sinne“ sowohl die interessante Wasserlandschaft erkunden als auch einfach Wellness pur genießen.

Das **Glasmuseum** Rheinbach im historischen **Himmeroder Hof** ist ein Spezialmuseum für nordböhmisches Hohlglas. Es zeigt veredelte Gläser aus vier Jahrhunderten und darüber hinaus beeindruckende Objekte der internationalen Studioglasbewegung. Darüber hinaus bieten das Kutschenmuseum sowie ein Besuch der Rheinbacher Glasveredelungsbetriebe interessante Abwechslung.

Der Rheinbacher Stadtwald lädt auf einer Vielzahl von markierten Wegen zum Radfahren, Joggen und Wandern ein. Ein lohnenswertes Ziel ist hier zum Beispiel die alte Burgruine auf dem **Tomberg**, die einen herrlichen Ausblick auf die Umgebung bietet.

Ein umfangreiches Radwegenetz gibt Ihnen die Gelegenheit, die vielfältige Landschaft rund um Rheinbach kennen zu lernen.

Rheinbach –
Historie und Moderne im Einklang!

Stadtverwaltung Rheinbach • Schweigelstr. 23 • 53359 Rheinbach • Tel. 0 22 26 / 91 72 33 • www.rheinbach.de

800 m weiter kreuzt die Landstraße Gelsdorf – Meckenheim. Nach weiteren 250 m zweigt rechts ein Weg über die *A 565* ab. Auf der anderen Seite, gleich am Fuße der Brückenzufahrt, muß links auf dem Schotterweg quasi wieder zurück gefahren werden. Der neben der Autobahn verlaufende *Münchhausener Weg* führt direkt zur **Burg Münchhausen** (s.S. 53).

Nach Reiterhof, Restaurant und Burg geht es auf dem asphaltierten Wirtschaftsweg hinauf zum Wald. Der Radweg neben der Landstraße *L 123* führt rechts nach **Adendorf**. An der den Ort durchziehenden *Töpferstraße* liegen zahlreichen Töpfereien, deren Geschäfte einmal im Monat auch sonntags geöffnet sind. Hinter der Kirche zweigt rechts die *Von-Loe-Straße* ab. Sie führt am Schloßpark vorbei zur **Burg Adendorf** (s.S. 54). Die ***Bonner Burgenrunde*** führt an der Kirche vorbei auf der *Töpferstraße* weiter in Richtung Ortsausgang. Hier zweigt links der *Gimmersdorfer Weg* ab. Nach ca. 500 m geht es an einem kleineren Wegekreuz rechts weiter, bis an der Trauerweide links auf die asphaltier-

te Straße abgebogen werden muß. Die Straße nach **Klein-Villip** ist zwar wenig befahren, aber unübersichtlich, deshalb muß hier immer mit plötzlich auftauchenden Autos gerechnet werden. Im Ort geht es dann rechts zwischen den Häusern zur Landstraße zwischen Arzdorf und Villip. Auf der *L 267* wird nun rechts und nach ca. 50 m wieder links auf den asphaltierten Feldweg abgebogen. Am Ende geht es dann links auf der *Kranhofstraße* weiter. Kurz vor **Holzem** zweigt zwar rechts eine Straße ab, die zur *Holzemer Allee* führt, doch sollte an der kleinen Kapelle gleich hinter dem Ortseingang nicht vorbeigefahren werden. Die Kapelle wurde nämlich von dem berühmtesten Sohn des Ortes, Anton Raaf, gestiftet, einem der größten Tenöre des 18. Jh. und väterlichem Freund Mozarts.

Wer also geradeaus gefahren ist, der biegt nun an der Bushaltestelle rechts in die *Holzemer Allee* ein. Nach ca. 500 m führt der asphaltierte Weg links hinauf zum Waldrand. Hinter dem ‚Haus Graffemberg' wird rechts auf den Schotterweg abgebogen, der am Wachtberg (der Berg gab der Gemeinde ihren Namen) und seinem Kriegerdenkmal vorbeiführt und an der Kreisstraße *K 58* endet. Auf der anderen Seite geht es nun in Richtung **Berkum** weiter, wo nach weiteren 500 m, etwas versteckt hinter einer großen Hecke, die **Burg Odenhausen** (s.S. 55) liegt. Auf der *Oberdorfstraße* geht es am Schwimmbad vorbei hinunter in die Ortschaft **Berkum** bis zur *Rathausstraße*.

Abzweig nach Villiprott und Anschluß an *Etappe 4*

Gegenüber der Kirche in Adendorf führt die *Schützenstraße* hinauf zum Kottenforst. Auf einem Schotterweg geht es mehr oder weniger geradeaus durch einen schönen Buchenwald. Vorbei am "Roten Kreuz" muß nach ca. 2,5 km die Landstraße Meckenheim - Bad Godesberg, die *L 158*, überquert werden (Vorsicht!). Auf der anderen Straßenseite geht es auf dem rechten Schotterweg für weitere 2 km durch den Wald bis zu einer großen Weggabelung. Während hier die ***Etappe 4*** (s.S. 61) links zum **Bahnhof Kottenforst** (s.S. 70) führt, zweigt rechts der asphaltierte Weg nach **Villiprott** mit seinen Biergärten ab.

Nach Überqueren wird links und dann wieder rechts abgebogen. *Am Bollwerk* heißt die Straße, die in Richtung **Zülighoven** führt. Am Ortsende, gleich hinter dem Friedhof, zweigt links der asphaltierte *Bauernweg* ab. Hier wurde schon zu Römerzeiten Trachyt aus einem nahe gelegenen Steinbruch zum Rhein abtransportiert. Für fast 1,5 km geht die Fahrt nun angenehm bergab, bis in der Ortschaft **Kürringhoven** rechts in die *Kürringhovener Straße* abgebogen werden muß. Steil geht es ins kleine Tal des Goldbachs hinunter. Auf der anderen Seite führt der Weg dann links weiter bis nach **Oberbachem**. Kurz vor dem Erreichen der Landstraße zweigt rechts die Straße *Zum Dienacker* ab, die für gut 1 km parallel zur Landstraße nach **Niederbachem** führt. Unterwegs muß an dem Wegkreuz zur Rechten links in den *Landgrabenweg* abgebogen werden.

3

Abstecher zum Naturdenkmal Dächelsberg

Daß das Drachenfelser Ländchen seinen Ursprung der früheren Vulkantätigkeit verdankt, läßt sich anschaulich am Dächelsberg demonstrieren. Der inzwischen unter Naturschutz stehende ehemalige Steinbruch zeigt einen Querschnitt durch den Vulkankegel. Am Ende des *Landgrabenweges* in Niederbachem wird die Landstraße *L 123* schräg nach rechts überquert. Dort muß dann links in die schmale Verlängerung der *Konrad-Adenauer-Straße* abgebogen werden, die in einen neben der Straße verlaufenden Radweg übergeht. Die *Dreikönigenstraße* führt rechts am eingezäunten Steinbruch vorbei.

Nach ca. 300 m, kurz vor dem erneuten Erreichen der Landstraße, geht es rechts auf der *Berliner Straße* weiter. Nun müssen wohl die Meisten ihr Rad für genau 1 km den Berg hinauf schieben. Dann wird noch ein Stück geradeaus gefahren und auf der *Römerstraße* links in Richtung des Siebensgebirges abgebogen. An der großen Wegkreuzung geht es rechts weiter, bis in einer scharfen Linkskurve die steile Zufahrt zum **Rolandsbogen** (s.S.56) abzweigt. Hier besteht eine der schönsten Aussichten aufs Siebengebirge und das Rheintal.

Gute Bremsen sind jetzt auf dem Weg entlang des ehemaligen Vulkans **Rodderberg** hinunter zum Rhein gefragt. Bevor die *Vulkanstraße* im Naturschutzgebiet scharf rechts abzweigt, führt links ein Schotterweg in den Krater hinein zum **Broichhof** (s.S. 56), einer früheren Wasserburg, die heute zu einem Reiterhof mit Gaststätte gehört. Am Ende mündet die *Vulkanstraße* in die *Hagenstraße*, die in ihrer Verlängerung und nach Überqueren der *Mainzer Straße* geradewegs zum Rhein hinunter führt. Nun geht es für gut 5 km rheinabwärts, bis zu der alten Bastei und der Fähre nach **Niederdollendorf.** Links führt die *Rheinallee* direkt zum Bahnhof in **Bad Godesberg**

Burg Rheinbach

Im Jahre 762 schenkte König Pippin seinem Hauskloster Prüm den Weiler „Reginbach“, das spätere Rheinbach. Vögte der Abtei waren die Grafen von Are-Hochstaden, seit 1246 die Erzbischöfe von Köln. Erst die ministerialadeligen Herren von Rheinbach, ursprünglich wohl Verwalter von Prüm, die seit 1178 auf der Burg saßen und sich die Rechte des Grundherrn angeeignet hatten, machten Rheinbach 1298 zur Stadt. Das war ein sehr ungewöhnlicher Vorgang und spricht für ein standesüberschreitendes Selbstbewußtsein der Herren von Rheinbach, erklärlich dadurch, daß ihr Lehensherr, der Erzbischof, seit der Schlacht von Worringen einfach nicht mehr die Macht hatte, solche Alleingänge zu verhindern, und zudem die Rheinbacher durch ihre Heiratspolitik sich schon teilweise dem Hochadel zugehörig fühlen konnten. Die Rheinbacher Burg lag verkehrsgünstig (auch für Zollerhebungen und Raubüberfälle) an der Kreuzung der Aachen-Frankfurter Heerstraße, der Krönungsstraße der deutschen Könige, mit einer alten Römerstraße. Das gab der Burg Bedeutung und den wirtschaftlichen Hintergrund. Der war auch notwendig, denn ohne entsprechende Finanzkraft hätten sich die Rheinbacher den Bau der Stadtmauer in der ersten Hälfte des 14. Jh. nicht leisten können. De facto haben die niederadeligen Herren von Rheinbach es als einzige ihres Standes geschafft, eine Stadt zu gründen und mit allen Rechten zu beherrschen, bis ihrem Geschlecht 1342 die Kraft ausging und sie alles an den Erzbischof verkauften, der de jure schon längst alle Rechte von Prüm erworben hatte. Seitdem war Rheinbach ein Kölner Amt. Die Burg wurde zur Landesburg und Sitz eines Amtmannes. Diese Burg, von der noch der ehemalige Bergfried („Hexenturm“) und der Torturm aufrecht stehen, geht auf die Gründung der Herren von Rheinbach wohl im 12. Jh. zurück und war als zweiteilige Wasserburg angelegt, deren rundliche Grundrißformen für diese Zeit charakteristisch sind. Dabei dürfte das Torhaus mit seinem Untergeschoß aus Gußblöcken der römischen Wasserleitung zum ältesten Bestand gehören, während die anderen Bauteile spätestens bis Mitte des 13. Jh. hinzukamen. Im etwas repräsentativer gestalteten Obergeschoß des Torhauses befand sich eine Kapelle ähnlich wie in der gleichzeitigen Burg Münchhausen. Der Rundturm ist ein echter Bergfried, alleinstehend, mit hochgelegenem Eingang und in sich verteidigungsfähig. Mauertreppen vermitteln zwischen den Geschossen, die oben mit einer Wehrplattform abschlossen. Insofern sind die modernen Dächer auf Torturm und Bergfried zwar dicht, aber historisch nicht ganz korrekt. Der schauerliche Name Hexenturm geht auf die Rheinbacher Hexenprozesse im 17. Jh. zurück, deren Angeklagte man vorher im Turmverließ eingekerkert hatte. Nördlich neben dem Rundturm stand ein dreigeschossiger romanischer Palas, in dem es verschiedene Kammern und Stuben gab, im Erdgeschoß eine Küche und darüber einen großen Saal. Südlich davon, wie alle anderen Gebäude von innen an die Ringmauer angesetzt, wurde 1565 ein weiteres Wohnhaus errichtet. Hauptburg und Vorburg waren ganz von Ringmauern umgeben, die man sich wie die der Hardtburg bei Euskirchen vorstellen muß. Die Burg liegt an der Südostecke des Stadtmauerrings, der zwar an die Burgmauern anschloß, die Burg aber weitgehend frei stellte. Damit war gewährleistet, daß die Burg im Kriegsfalle auch dann noch verteidigt werden konnte, wenn die Stadt schon gefallen war.

Glasmuseum

Das 1968 gegründete Glasmuseum Rheinbach im historischen Himmeroder Hof ist das bundesweit erste Spezialmuseum für nordböhmisches Hohlglas. Die Sammlung umfaßt Exponate vom Barock bis zum zeitgenössischen Studioglas mit dem Schwerpunkt auf Gläsern des 19. Jh. Das Museum gibt einen Überblick über die Kunst böhmischer Glasherstellung und -veredlung. Den Besucher erwarten u.a. barocke Schnittgläser, Farb-, Schliff- und Schnittgläser des Biedermeier, Freundschaftsbecher, Prunkpokale des Historismus, Bäder- und Souvenirgläser des 19. Jh. sowie Jugendstil- und Art-Déco-Gläser. Eine besondere Abteilung zeigt die Entwicklung des Rheinbacher Glases.

Öffnungszeiten: Di – Fr 10.00 – 12.00, 14.00 – 17.00 Uhr, Sa/So 11.00 – 17.00 Uhr, Mo geschlossen

Café-Bistro (im Sommer mit Biergarten)
Museumsshop, „Haus der Natur“
Großer Parkplatz (auch für Busse) vor dem Haus

Himeroder Wall 6 • 53359 Rheinbach
Telefon 0 22 26 - 91 75 00

Kutschenmuseum

Franz Mostert hat in seinem Privatmuseum über 30 historische Kutschen zusammengetragen - nostalgische Fahrzeuge aus einer Zeit, als man sich mit höchstens 2 PS durch die Lande bewegte.

Der pensionierte Gärtner geht seiner Sammelleidenschaft seit etwa 20 Jahren nach, in denen er zahlreiche Kutschen in Deutschland, Holland und England aus verschiedenen Epochen aufgestöbert und restauriert hat.

Dem Museum angeschlossen ist ein Fahrstall mit mehreren Pferdegespannen. Romantische Brautkutschen und bequeme Gesellschaftswagen sind beim Publikum gleichermaßen beliebt. Rechtzeitige Anmeldung empfiehlt sich!

Öffnungszeiten: Sa + So 10.00 – 12.00 Uhr
oder nach Vereinbarung

Koblenzer Str. 4 • 53359 Rheinbach
Telefon 0 22 26 - 44 93

Tomburg

Auf einem weithin sichtbar das Tal überragenden Basaltkegel von über 300 m Höhe stand einst eine der bedeutendsten Burgen des Rheinlandes, von der nur noch ein Turmstumpf übrig ist. Dieser freilich war zu allen Zeiten als Monument einer glanzvolleren Vergangenheit im Blick der Bevölkerung geblieben. Kaum ein anderer Berg eignete sich so gut zur Anlage einer Befestigung, die hier wie immer vermutet, aber kaum je nachgewiesen, tatsächlich bis in die Römerzeit zurückgeht. Zahlreiche Funde weisen darauf hin. Grabungen ergaben, daß vor jeder Neubebauung das Burgplateau eingeebnet wurde und somit ältere Spuren verwischt wurden. Zweifellos geht die Tomburg auf eine Gründung durch die rheinischen Pfalzgrafen zurück, die sie 10. Jh. zum Schutz und zur Überwachung der Aachen-Frankfurter Heerstraße errichteten und bald darauf hier ihren Stammsitz nahmen. Die früheste Aktennotiz zur Tomburg bezeugt, daß im Jahre 1012 Pfalzgraf Ezzo einen Feind seines Königs Heinrich II., den Herzog Dietrich von Lothringen, in der Tomburg gefangen setzte. Die Pfalzgrafen gehörten zum höchsten Adel des Reiches; sie waren mit dem Kaiserhaus verwandt und herrschten stellvertretend für die Könige über weite Teile des Rheinlands. Ab 1056 wichen die Pfalzgrafen vor dem mächtigen Erzbischof Anno, der ihre Herrschaftsrechte beanspruchte und usurpierte, nach Süden ins Land jenseits der Mosel aus. Ein Kölner Lehensmann wohl aus dem Hause der Grafen von Kleve setzte sich auf der Tomburg fest, und seine Nachkommen besaßen sie bis 1323. Zu der Zeit hatte die Burg längst die übliche Ausstattung mit Bergfried, Palas, Mauern, Toren und Kapelle und war seit 1230 an die von Müllenark als Lehen vergeben. Die nannten sich von Tomburg und errichteten eine eigene Herrschaft, nur noch formell unter Kölner Lehenshoheit (ab 1323). Da der edelfreie Herr von Tomburg nicht immer die Ziele seines mächtigen Nachbarn, des Erzbischofs von Köln, vertrat, belagerte dieser 1249 und 1262 die Burg – erfolglos. Ab 1301 wandten sich die Tomburger von Jülich ab und dem Erzbischof zu, dem sie 1339 die Tomburg zu Lehen auftrugen, womit sie von nun an zu Köln gehörte. In der Folge verarmten die Tomburger trotz umfangreichen Grundbesitzes und kamen zu Raubrittern herunter. Sie blieben auch im 15. Jh. Störenfriede, bis der Herzog von Jülich dem Spuk ein Ende machte und nach achtwöchiger Belagerung die Tomburg 1473 gründlich zerstörte. Sie wurde nie wieder aufgebaut. Was heute noch steht, ist übersichtlich. Das Burgplateau ist unterteilt durch einen ausgemauerten Zwischengraben in eine Oberburg und eine Unterburg, auf deren Gelände wenige Mauerreste zu sehen sind. Vor allem der Stumpf des Bergfrieds gibt eine Ahnung von der Stärke der romanischen Burganlage des 12. und 13. Jh. Er enthielt in seinen meterdicken Mauern vier hohe Geschosse, dessen unterstes nur von oben zugänglich war und als Verlies gedient haben dürfte. Die meisten herumliegenden Mauerstücke stammen von der Sprengung des Turmes 1473. Der freistehende runde Turm stand innerhalb einer 1,80 m starken Ringmauer, an die später Wohn- und Wirtschaftsgebäude angebaut wurden. Es konnten eine Küche und ein Backofen identifiziert werden, die mit Brandmauern gegen die Wohnbauten abgesetzt waren. Im 19. Jh. haben Steinbrüche fast die Hälfte des Burgareals zerstört.

3

Burg Altendorf

Das schlichte kleine sogenannte Burghaus in der Ortsmitte von Altendorf fällt durch seine massive Bauweise und die steinernen Fenstergewände auf, aber als Sitz einer adeligen Familie hat es nie gedient. Es war ein Halfenhaus, also Wohnhaus eines bäuerlichen Pächters und steht an der Südostecke der untergegangenen Vorburg. Tatsächlich hat es hier einen landtagsfähigen Rittersitz gegeben, der nach 1730 seinen adeligen Besitzer zu Sitz und Stimme im jülichschen Landtag berechtigte. Ein solcher Rittersitz wurde Burg genannt, war befestigt und immer zweiteilig mit Herrenhaus und Vorburg auf jeweils eigener Insel, von Wassergräben umgeben. Altendorf stand schon 1592 für Philipp Roist von Werß, Amtmann in Zülpich, auf dem jülichschen Ritterzettel. Seine Familie hatte den Besitz von den Herren von Altendorf erhalten. Diese gehörten offenbar zu den ältesten Ministerialengeschlechtern der Grafen von Jülich und wurden im Jahre 1051 das erste Mal erwähnt.

In der zweiten Hälfte des 18. Jh. war der Kölner Bürgermeister Johann Caspar Joseph zum Pütz Herr auf Burg Altendorf, zu der noch beträchtlicher Landbesitz gehörte. Er war der Bauherr des heute so genannten Burghauses und residierte wohl eher auf seinem schloßartigen neuen Rittersitz in Hemmerich am Vorgebirge. Altendorf ließ er von einem Halfen oder Halbwinner verwalten, der – daher der Name – die Hälfte des erwirtschafteten Gewinns behalten durfte. Wassergräben, eine große dreiflügelige Vorburg und südwestlich davon das Herrenhaus verschwanden im 19. Jh. nach Verlust des herrschaftlichen Status, nur das Halfenhaus überlebte, da es ab 1810 als Schule genutzt wurde. Heute ist es nach aufwendiger Restaurierung ein modernes Bürgerzentrum.

Burg Münchhausen

Schon die Lage abseits jeder Siedlung, unmittelbar am Swistbach, mit vollem Überblick über das ganze Tal, gibt der Burg Münchhausen die Anmutung, altehrwürdig und bedeutend zu sein. Das verstärkt sich bei näherem Augenschein, denn inmitten der einigermaßen unpassenden modernen Gebäude eines florierenden Reiterhofes erhebt sich auf einem sanften Hügel ein höchst altertümlich wirkendes Gemäuer mit einem hohen runden Turm in der Mitte. Es ist wohl noch weit älter, als es aussieht, denn bereits im Jahre 893 besaß hier die Benediktinerabtei in Prüm, das Hauskloster der karolingischen Könige, einen befestigten Hof, der demzufolge Münchhausen genannt wurde. In Sichtweite der wichtigen Krönungsstraße von Frankfurt nach Aachen und der gegenüberliegenden Tomburg, Residenz der rheinischen Pfalzgrafen, hatte die Burg auch strategische Bedeutung. Zuerst verwalteten die Pfalzgrafen als Vögte den großen Münchhausener Landbesitz und sorgten für die Befestigung, nach ihnen die Grafen von Are, deren Rechte und Besitztümer 1246 an den Erzbischof von Köln fielen. Wie 1522 die Herren von der Leyen auf Burg Adendorf als Jülicher Lehensnehmer in den Besitz von Münchhausen kamen, ist undurchsichtig und war kaum im Sinne der Kölner Kurfürsten und Erzbischöfe, die lange versuchten, die Lehenshoheit über Münchhausen zurückzubekommen. Nach 1794 wurde die Burg Privatbesitz der Fürsten von der Leyen und 1843 verkauft. Heute gehört sie der Familie Nettekoven. Der jetzige Zugang von Süden ist nachmittelalterlich und wurde mit den Vorburggebäuden und dem Wohnhaus im frühen 19. Jh. angelegt. Kern der Burg ist ein künstlicher Hügel, der einst vom Wasser der Swist unmittelbar umflossen wurde und in der ältesten Phase wohl eine hölzerne, turmartige Bebauung mit umgebenden Palisadenzäunen trug. Bis zum Bau des neuen Wohnhauses lag der Innenhof um einige Meter höher.

Das einzige in der Umgebung anstehende Steinmaterial war der Guß-„beton“ der römischen Wasserleitung, den man in handliche Quader zersägte und zum Bau von Burgen und Kirchen verwendete, bis er im Verlaufe des 13. Jh. abgebaut war. Vollständig aus Gußquadern besteht der runde Bergfried in der Hofmitte, der über einem hohen Untergeschoß, das als Verlies diente, zwei Wohngeschosse trägt und mit einer Wehrplattform abschloß. Der Zugang ins Untergeschoß ist modern. Um diesen Bergfried des 12. Jh. legte man wenig später eine Ringmauer aus Gußquadern und Tuffziegeln, in deren Mauerstärke ein Wehrgang verlief und an die von innen Wohnbauten angelehnt waren. Runde Schalentürme an der Maueraußenseite verhinderten tote Winkel. Zum Abschluß erhielt diese zeittypische Rundburg einen Torturm mit hochgelegenem Tor, der zur Hälfte aus Gußquadern, zur oberen Hälfte nur noch aus Tuffziegeln besteht, da die Römerleitung kein Material mehr lieferte. Der Tuff kam von weit her, aus den Weiberner Steinbrüchen, die dem Erzbischof von Köln gehörten, und dürfte zur Bauphase unter Erzbischof Konrad von Are-Hochstaden Mitte des 13. Jh. gehören. Da die Burg Münchhausen nie ein Adelssitz war, sondern immer nur für strategische und später Verwaltungsaufgaben genutzt wurde, mußte sie auch nie modernisiert oder verschönert werden und blieb bis ins 19. Jh. von Veränderungen verschont, was sie zu einem der wichtigsten Beispiele romanischen Burgenbaus im Rheinland macht.

Burg Adendorf

Die älteste Burg in Adendorf stand auf einer Motte westlich des heutigen Schlosses. Diese liegt als runder Erdhügel in der Bachaue und trug einst eine kleine Befestigung zum Schutz des Hofes „Cumbe“, der vom Trierer Domkapitel an die Herren von Adendorf als Lehen vergeben wurde. Ihnen folgten 1215 die Herren von Tomburg. Der heutige Schäfereihof neben der Motte ist der bauliche Nachfolger des Trierer Lehenshofes, erst zur Vorburg und dann zum einfachen Bauernhof des 18. Jh. umfunktioniert. Nach 1337 betrieb von diesem Hof an der Grenze zu Kurköln der Ritter Paul von Hüchelhoven den Neubau einer großen zweiteiligen Wasserburg, die er auf Veranlassung des Markgrafen von Jülich unter dessen Schutz und Lehenshoheit stellte. Seine neue Burg Adendorf, aufgrund der besseren Wasserversorgung durch Quellen 300 m weiter östlich neu gegründet, war eine mächtige Vierflügelanlage mit dreiflügeliger Vorburg und ist noch Grundlage des bestehenden Baues. Die Hüchelhovens besaßen Adendorf nicht lange; von der Erbtochter Johanna ging der Besitz mit sieben Dörfern 1420 durch Heirat an die von Birgel, 1453 an den Herrn von Schöneck, dann an den von Orsbeck, von dem ihn 1484 Georg von der Leyen erwarb. Die von der Leyen stammten aus Gondorf an der Mosel und gehörten zu den bedeutendsten uradeligen Familien von Kurtrier; Georg und seine Frau sind in der Kirche von Maria Laach begraben.

Bis 1829 besaßen die Herren, seit 1653 Freiherren, seit 1711 Grafen und seit 1806 Fürsten von der Leyen, Burg und Herrschaft, die 1659 reichsunmittelbar wurde. Ende des 16. Jh. begannen die von der Leyen einen Ausbau der Burg in italienischen Renaissanceformen, die sie während ihrer juristischen Studien in Italien schätzen gelernt hatten. Die Vorburg erhielt den noch bestehenden neuen Torbau wohl nach einem Entwurf des Stadtbaumeisters von Arnheim, der vielteilige Konglomeratbau des Herrenhauses wurde in Renaissanceformen eingekleidet. Der mittelalterliche Palas mit seinem runden Eckturm blieb unter neuer Putzornamentik erhalten. Eine zweite äußere Vorburg entstand im Osten, dann stockte der Bau. 1659 bis 1663 führte Hugo Ernst Reichsfreiherr von der Leyen das Vorhaben seiner Ahnen in leicht veränderter Form zu Ende, und so präsentiert sich Burg Adendorf bis heute - mit Ausnahme der um 1840 abgebrochenen äußeren Vorburg. Während die innere Vorburg als wohlproportionierter schlichter Zweckbau erscheint und nur mit dem gewölbten Pferdestall und seinen steinernen Säulen überrascht, hat das Herrenhaus italienisches Flair. Klar gegliederte Fassaden, begrenzt durch polygonale lichte Eckerker, rufen den Eindruck eines herrschaftlichen „Pallazzo“ hervor, der gleichwohl 1663 schon sehr altväterlich gewirkt haben mag, zumal er auf der Rückseite noch immer den Palas des 14. Jh. mit seinem wuchtigen Turm auch unter der neuen „Schminke“ erkennen ließ. Das war wohl aus Gründen der Tradition so gewollt und bestimmt gleichermaßen den repräsentativen wohnlichen Innenhof, der in einer norditalienischen Stadt stehen könnte. Drei Renaissanceflügel rahmen den alten Trakt mit seiner gänzlich anderen Geschoß- und Achsenteilung, der mit einer neuen Dekoration dem Gesamtkonzept angepaßt wurde. Die Innenaufteilung der neuen Flügel ist mit ihren Sälen und Appartements, mit Podesttreppen und Korridoren für ihre Zeit höchst fortschrittlich und noch immer gut zu nutzen. Die makellose Erhaltung bis in Details verdankt Burg Adendorf den Freiherren von Loe, die sie seit 1829 besitzen und bewohnen.

Burg Odenhausen

Die Burg Odenhausen ist für eine Wasserburg erstaunlich hoch gelegen, was die hier reichlich strömenden Quellen ermöglichen. Zum Schutz und zur Aufsicht über ihren großen Wald, den Kottenforst, unterhielt die Abtei Siegburg hier einen befestigten Hof, den die lehenspflichtigen Herren von Odenhausen im 14. Jh. zur Burg ausbauten. Der älteste Burgbau stand auf einer Motte südlich des heutigen Herrenhauses und wurde mitsamt einer Vorburg 1430 an Heinrich von Ossendorf verkauft. Ihm dürfte der Neubau eines einfachen Burghauses auf der Vorburginsel zu verdanken sein, für das die Motte aufgegeben wurde. Eine neue Vorburg entstand im Osten, wie sie bis heute besteht. Immer wieder wurde Odenhausen über die weibliche Linie vererbt und kam 1533 an die Herren von Blankart, die wohl in erster Linie wie alle anderen Besitzer von Odenhausen an den einträglichen Rechten am Kottenforst interessiert waren, die sich mit der Burg verbanden. 1549 verkaufte die Abtei Siegburg den Kottenforst an Kurköln, behielt aber die Lehenshoheit über Odenhausen. Ludwig von Blankart erbaute bis 1560 eine neue Vorburg und erweiterte das Burghaus um einen talseitigen Flügel in Renaissanceformen, einen runden Eckturm und Wehrmauern, so daß eine vierflügelig geschlossene Anlage entstand. Werksteinerker, geschweifte Giebel und steinerne Wappen künden von einem Aufwand, der nicht dem realen Vermögen des Herrn von Blankart entsprach und die nächste Generation zum Verkauf der Burg zwang. Unter den Freiherren Waldbott von Bassenheim und ihren Erben, die jeweils als Erbburggrafen von Drachenfels auf der benachbarten Burg Gudenau residierten, wurde Odenhausen ab 1663 innen leicht modernisiert und erhielt schöne Wappenkamine. Allerdings wohnten die Burggrafen hier nicht, so daß Odenhausen trotz milder Vernachlässigung im Zustand des 16. Jh. weitgehend erhalten blieb. Im 19. Jh. wurde die Burg, die ihre herrschaftlichen Privilegien verloren hatte, an die Landwirtsfamilie Loeffel verkauft und verfiel, bis 1904 der neue Besitzer Ernst Simons eine gründliche Wiederherstellung vornahm. Er ließ das zum Viehstall heruntergekommnee Herrenhaus von dem Münchner Modearchitekten Emmanuel von Seidel umfassend modernisieren, ein neues Treppenhaus einbauen und eine hofseitige Loggia. Zwei Flügel der Vorburg wurden abgerissen, der verbleibende Torflügel saniert und ein neuer Wirtschaftshof daneben angelegt. Ihm verdankt sich auch die Anlage des kleinen Parkes um das Herrenhaus. 1967 kaufte Heinz Quirrenbach die Burg von Simons` Erben und restaurierte sie ein weiteres Mal. Er baute auch den zusammengefallenen Rundturm an der Südecke wieder auf und brachte das Anwesen auf den Stand heutiger Wohntechnik. Seine und die folgende Renovierung in den 1990er Jahren unter einem neuen Besitzer zielten auf einen zeitgenössischen Wohnwert und ließen dennoch überraschend viel von der historischen Substanz. Die einst freie herrschaftliche Lage in der umgebenden Feldflur mit großartiger Fernwirkung und überwältigender Aussicht ist durch die banale Neubebauung, die viel zu eng an das historische Ensemble herangerückt ist, weitgehend eliminiert.

Broichhof

Von einer kleinen Kapelle führt eine lange Allee zum Broichhof, der heute ganz dem Reitsport gewidmet ist und seinen mittelalterlichen Ursprung nicht ahnen läßt. Im Kraterkessel eines erloschenen Vulkans liegt die vierseitige Hofanlage, die durch moderne Um- und Zubauten kaum mehr erkennbar ist und in dieser Form erst nach 1875 aus dem anstehenden Lavagestein errichtet wurde. Von den Vorgängerbauten ist nichts erhalten, nur die Grabenreste um den Hof weisen noch auf eine ehemalige Wasserumwehrung hin. Noch um 1900 ist die winterliche Eisgewinnung aus den Gräben überliefert.

Die frühere Geschichte des Hofes ist ungeklärt, ein Adelssitz scheint er nie gewesen zu sein. Wahrscheinlich geht er auf einen frühen Hofbesitz des Kölner Stiftes St. Gereon zurück, der mit einer Motte, einem grabenumgebenen Burghügel südwestlich des heutigen Hofes, geschützt war. Ob und wie der Hügel bebaut war, ist nicht bekannt. Im Innenhof der ungewöhnlich langen und schmalen Hofanlage wurden 1984 Mauerzüge ergraben, die keine Interpretation zulassen.

Auch die historischen Quellen sind spärlich. Der Name Broichhof spricht für eine Gründung im 14. Jh., als alle guten Lagen bereits besiedelt waren und die Neugründungen auf noch freie Sumpfgebiete ausweichen mußten. In der lokalen Überlieferung ist von einer 1567 verfallenen Burg die Rede, die das Gereonstift 1635 als Hof wiederaufbauen und von Pächtern bewirtschaften ließ. Alle seitdem namentlich bekannten Pächter waren bäuerliche Familien, seit 1688 die Vorfahren der heutigen Besitzer, die nach der Enteignung des Kirchenbesitzes das Gut 1811 von der französischen Regierung kauften.

3

Rolandsbogen

Der von vielen romantischen Sagen verklärte Rolandsbogen ist der Rest der mittelalterlichen Burg Rolandseck, die vom Kölner Erzbischof um 1120 gegründet worden sein soll, gut hundert Jahre vor dem Bau der Godesburg. Damit wollte Köln seinen Einflußbereich gegenüber dem Ahrgebiet abgrenzen, das unter dem Einfluß der Könige und einiger hochadeliger Geschlechter stand. Mit der Infiltration der Kölner Macht in das Ahrtal im Verlaufe des 12. Jh. verlor die Burg ihre strategische Bedeutung, Von daher und vor dem Hintergrund der weit stärkeren Godesburg konnte es der Erzbischof verschmerzen, daß ihm König Albrecht 1302 befahl, die Burg Rolandseck abzubrechen und vor allem keine neue an dieser Stelle zu bauen. Doch schon der nächste Erzbischof hat die Burg dem Bonner Dekan auf Lebenszeit übertragen und den Wiederaufbau gestattet, womit dem Erzstift keine Kosten entstanden. Kölner Lehen bzw. Eigentum blieb die Burg dennoch und wurde eine Zeitlang von einem Ministerialengeschlecht von Rolandseck bewohnt. Wegen ihrer beherrschenden Lage über dem Rhein, vor allem über der Straße unterhalb der Burg geriet Rolandseck immer wieder in kriegerische Auseinandersetzungen und wurde jedesmal mehr oder weniger stark beschädigt, so z.B. 1475 im Burgundischen Krieg, 1583 in der Truchseßischen Fehde, 1632 und 1633 im Dreißigjährigen Krieg. Die damals erlittenen Schäden wurden nicht mehr behoben, die Burg zerfiel langsam und ungestört zur Ruine. Von der einst eindrucksvollen Gipfelburg mit Mauerring, Palas, Torbau und Bergfried sind nur geringe Reste erhalten, vor allem jener berühmte Fensterbogen, der 1839 einstürzte und in einem ersten Aufwallen von Denkmalbewußtsein auf Initiative von Ferdinand Freiligrath wiederaufgebaut wurde.

Kommende Muffendorf

Eine Kommende ist der Sitz eines Komturs (commendatore) des 1198 gegründeten Deutschen Ordens, der für die Verwaltung des zugehörigen Ordensbesitzes zuständig war und seinerseits einer Ballei und deren Landkomtur unterstand. Ursprünglich gab es in Muffendorf eine karolingische Königsvilla, deren Ländereien sukkzessive an verschiedene Kirchen und Klöster gegeben wurden. Erzbischof Anno von Köln schenkte den Kölner Anteil um 1065 dem Kloster Siegburg, das ihn 1254 der Deutschordenskommende Ramersdorf übertrug. 1304 wurde der Muffendorfer Besitz innerhalb des Ordens an die Ballei Koblenz verkauft und eine selbstständige Kommende Muffendorf eingerichtet. Von den Gebäuden des Mittelalters ist nichts erhalten; man muß sie sich in Art eines kleinen Rittersitzes mit Wasserumwehrung vorstellen.

Noch 1713 wird das Wohnhaus als klein beschrieben, mit einer Küche und insgesamt 6 Zimmern, während die Wirtschaftsgebäude, in denen auch das Personal wohnte, einer geräumigen dreiflügeligen Vorburg entsprachen. Der Komtur Bertram Freiherr von Harff aus der Dreiborner Linie ließ die für seinen Anspruch gar zu bescheidene Anlage ab 1717 neu und größer errichten, das Herrenhaus äußerlich in Art einer Maison de Plaisance, innen aber noch nach dem altmodischen Zuschnitt eines französischen Landhauses, wie es z.B. in Müddersheim zur Vollendung gelangte. Der zweigeschossige, siebenachsige Bau mit Mansarddach war glatt verputzt und ungegliedert bis auf einen kleinen Mittelrisalit; die Gartenseite läßt vor allem den für eine Maison unverzichtbaren Saalvorbau vermissen. Das Innere ist von bemerkenswerter Schlichtheit bis auf einige barocke Applikationen aus der belgischen Botschafterzeit. Die 1760 von Kurfürst Clemens August als Hochmeister des Deutschen Ordens im Park erbaute Kapelle ist verschwunden, die Nebengebäude sind zum großen Teil erhalten. 1809 wurde der Orden von Napoleon aufgehoben, sein Besitz verkauft. Muffendorf wurde von einem Kölner Kaufmann erworben, danach vom Freiherrn Friedrich Leopold von Fürstenberg, dessen Sohn an der Nordostseite einen klobigen Anbau mit zwei Türmen verwirklichte. Glücklicherweise ließ der nächste Besitzer, ab 1898 Joseph Mayer aus Köln, diesen Anbau wieder abreißen und ersetzte ihn durch einen etwas eleganteren Anbau mit Treppenturm, der sich der vorhandenen Bausubstanz besser anpaßte. Die Erben Mayer veräußerten den Komplex 1953 an das Königreich Belgien, das hier bis 1999 seine Botschafterresidenz unterhielt. Dafür wurden erneut umfangreiche Umbauten vorgenommen, die aber den eigentlichen Kern, das Komturswohnhaus, nur wenig antasteten. Der erneute Umbau zur hochpreisigen Wohnanlage wird die bei aller Schlichtheit noble Erscheinung der ehemaligen Deutschordenskommende auch nicht wiedergewinnen.

3

RADIOLOGISCHES
ZENTRUM

Etappe 4 – Von Bad Godesberg nach Heimerzheim

37 km

Der Weg führt vom Bahnhof in Bad Godesberg hinauf zum Kottenforst. Bis zu den Biergärten in Villiprott liegen am Weg die Redoute, die Godesburg, das ehemalige Birgittenkloster Gut Marienforst, Burg Gudenau und die noch arbeitende Wassermühle in Villip. Erst vor Lüftelberg geht der Wald dann in die landwirtschaftlich genutzte Swistebene über. Die Fahrt entlang der burgenreichen Swist endet in Heimerzheim. Von Miel aus besteht auf einer 22 km langen Schleife mit einem Abstecher zum Rheinischen Industriemuseum „Tuchfabrik Müller" eine weitere 11 km lange Anschlussmöglichkeit zur Etappe 3 in Rheinbach (s.S. 45).

Nur ein kleines Schild mit dem Logo der ***Wasserburgen-Route*** zeigt gleich gegenüber dem Bahnhof in **Bad Godesberg** den Beginn dieses Teilabschnitts auf der ***Rheinbacher Burgenrunde*** an. Neben der *Löbestraße* führt der Weg in geschwungener Form durch den Stadtpark bis zur *Koblenzer Straße*. Links abgebogen, zweigt nach etwa 100 m rechts die Zufahrt zum „Kleinen Theater" ab. Weiter geradeaus wird die *Kurfürstenallee* überquert, anschließend rechts abgebogen und neben der Straße bis zur Kreuzung gefolgt. Links führt die *Brunnenalle* an der **Redoute** und dem **Redüttchen** mit seinem Biergarten vorbei. An der folgenden Kreuzung zweigt rechts die Zufahrt zur bereits sichtbaren **Godesburg** ab. Links geht es vorbei am Brunnen des Godesberger Mineralwassers, bis links die Sackgasse *Am Draitschbusch* zur Marienforster Kirche führt. Direkt vor ihr führt rechts ein Schotterweg durchs Marienforster Tal bis zur *L 158*. Nach den beiden Holzbrücken wird rechts abgebogen und dann links, am ehemaligen Birgittenkloster ‚Gut Marienforst', dem Radweg neben der Landstraße nach **Pech** gefolgt. An der Kreuzung geht es dann halb rechts auf der *Pecher Hauptstraße* durch den Ort. Wenn der dann folgende Radweg nach ca. 800 m vor dem *Zukunftsweg* endet, wird die Landstraße nach links erneut überquert. Hier beginnt der Wachtberger Ortsteil **Villip**. Von der Straße *Im Bruch* zweigt nach 300 m rechts an der Brücke die *Villiper Bachstraße* ab. Wer hier weiter geradeaus fährt, erreicht nach weiteren 300 m rechts die Zufahrt zur **Villiper Wassermühle** (s.S. 68). Die *Villiper Bachstraße* führt hinauf zu einer Straßenkreuzung mit Ampel. Links geht es hinunter zur **Burg Gudenau** (s.S. 67) und rechts auf der *Burgstraße* hinauf nach **Villiprott**. Im Ort zweigt links die *Dorfstraße* ab, die an zwei Biergärten vorbei zum Waldrand führt.

Hier, am historischen Forsthaus „Schönewaldhaus" führt rechts die ***Etappe 7*** (s.S. 111) über **Röttgen** nach Bonn, während diese ***Etappe 4*** wie auch die ***Wasserburgen-Route*** den leicht nach links abknickenden Weg nimmt. Auf den nächsten fünf Kilometern geht es auf asphaltierten Wegen unter Bäumen mehr oder weniger immer geradeaus. Auf halbem Wege liegt das **Jägerhäuschen.**

Stadt Meckenheim

Die Rosen- und Apfelstadt Meckenheim liegt inmitten einer abwechslungsreichen und interessanten Kulturlandschaft mit einer Vielzahl von Sehenswürdigkeiten und Freizeitangeboten. Mit fast 27.000 Einwohnern zählt Meckenheim als mittlere Stadt zum Rhein-Sieg-Kreis im Süden des bevölkerungsreichsten und größten Bundeslandes Nordrhein-Westfalens in unmittelbarer Nähe der ehemaligen Bundeshauptstadt Bonn.

Für Unternehmen und Familien gilt Meckenheim als bevorzugte geographische Lage im Kerngebiet Europas mit einer exzellenten Verkehrsanbindung an das europäische Autobahnnetz, an den nahegelegenen Flughafen Köln-Bonn und das ICE-Netz. Im Radius von 100 km erreicht man ca. 20 Millionen Menschen. Dieser herausragende Standortfaktor spielt eine elementare Rolle in dem durch den Bonn-Berlin-Umzug ausgelösten Strukturwandel unserer Region. Er trug nicht zuletzt dazu bei, dass sich viele neue Unternehmen bei uns angesiedelt und Tausende von Arbeitsplätzen geschaffen haben.

Meckenheim ist eine Stadt mit einer über 4000-jährigen Siedlungstradition und hat sich in den letzten 30 Jahren als Entwicklungsstadt des Landes Nordrhein-Westfalen einen Namen gemacht. Aufgrund der vorbildlichen Infrastruktur im Wirtschafts-, Bildungs- und Freizeitbereich siedelten viele junge Familien in der Stadt. Dadurch galt Meckenheim in den Anfängen als eine der kinderreichsten Kommunen im Verhältnis zur Einwohnerzahl landesweit. Trotz seines raschen Wachstums bewahrte sich Meckenheim einen eigenen Charakter und Charme. Seit Mitte des 19. Jh. nennt man sie „Stadt der Baumschulen und Edelobstplantagen".

2001 wurde Meckenheim in den Kreis der „Fahrradfreundlichen Städte" in NRW aufgenommen. In Meckenheim haben Radfahrer Vorfahrt: Ein zusammenhängendes Wegenetz ist geschaffen und ausgeschildert, ein Fahrradstadtplan sowie die Radwanderkarte, „Apfel- und Rosenroute".

Kurze Entfernungen zwischen Wohnen und Einkaufen, zwischen Schulen, Sport- und Freizeitstätten, Haltestellen, Bahnhöfen und Arbeitsplätzen sind ein Merkmal unserer gut ausgebauten Infrastruktur. In 10 bis 15 Minuten können viele wichtigen Ziele mit dem Fahrrad erreicht werden. Auch Altendorf, Ersdorf und Lüftelberg sind auf ausgebauten Wegen gut zu erreichen. Es lohnt sich also, die fahrradfreundliche Apfel- und Rosenstadt Meckenheim einmal per Rad zu erkunden.

Stadt Meckenheim • Bahnhofstraße 22 • 53340 Meckenheim • Tel.: 0 22 25 / 9 17 - 0 • www.meckenheim.de

Abzweig zum Radweg *Römische Wasserleitung*

Auf dem Weg vom Bahnhof Kottenforst nach Lüftelberg zweigt nach ca. 400 m auf der wenig befahrenen *Kottenforststraße* rechts der Rad- und Wanderweg ***Römische Wasserleitung*** ab – ein Teil der ***Wasserburgen-Route***, die auf dem Rücken des Vorgebirges ausgeschildert bis nach Brühl und weiter zur Erft führt. Hier verläuft auch ***Etappe 5*** der ***Bonner Burgenrunde*** (S.S. 91).

Dies galt als Treffpunkt einstiger kurfürstlicher Jagdgesellschaften – damals tief und einsam im Wald gelegen, heute vom Parkplatz an der *Meckenheimer Allee (L 158)* aus schnell erreichbar. Nach dem Überqueren der Landstraße und dem Unterqueren der Autobahn geht die Fahrt geruhlich weiter geradeaus – kurz vor dem Waldrand am Königsmaar sogar leicht bergab. Nun müssen links nur noch die Gleise überquert werden und der **Bahnhof Kottenforst** mit seiner „Waldgaststätte“ (s.S. 70) ist erreicht.

Die *Kottenforststraße* führt noch ein Stück durch den Wald nach Lüftelberg, wo im Ort nach ca. 2,5 km eine große Straßenkreuzung mit Ampel erreicht wird. Auf der anderen Seite macht die *Petrusstraße* schon nach 100 m einen Linksknick. Kurz danach führt vor der

Abzweig zum Meckenheimer Bahnhof Industriepark

Von Burg Lüftelberg sind es über *Petrusstraße* und *Südstraße* noch 2,5 km bis zum ausgeschilderten Meckenheimer Bahnhof im Industriepark. Hier halten, anders als am Bahnhof Kottenforst, alle Züge nach Bonn bzw. Euskirchen.

romanischen **Lüfthildis-Kirche** rechts die *Schloßstraße* hinunter zur **Burg Lüftelberg** (s.S. 69).

Nach Verlassen des Burghofes geht es gleich links über die Felder nach **Flerzheim**. Vor dem Ortseingang muß dann allerdings links ein Stück auf dem *Fliesweg (L 113)* gefahren werden (hier gibt es leider keinen separaten Radweg). Nach ein paar hundert Metern liegt auf der linken Seite, etwas verdeckt hinter Bäumen im Park, die ehemalige **Flerzheimer Burg**, das **Haus Heisterbach** (s.S. 72).

Abzweig nach Rheinbach und zur Tomburg in Wormersdorf

Wer in Lüftelberg schon nach Rheinbach fahren möchte, folgt dem *Fließweg* bis zur *Bonner Straße*. Gegenüber mündet der *Wasserweg* auf einen Feldweg, der links bis zur Bahnlinie führt. Wer hier rechts abbiegt, erreicht direkt den Bahnhof in **Rheinbach**.
Wer dagegen weiter geradeaus fährt, muß die Landstraße überqueren und folgt dem Radweg bis nach **Klein-Altendorf**. Hier wird rechts der Straße *Unterdorf* und am Ende links der *Wormersdorfer Straße* gefolgt, bis dann gegenüber der Kirche rechts die *Tomburger Straße* zur **Tomburg** (s.S. 51) führt. Hier besteht Anschluß an ***Etappe 3*** (s.S. 45).

Weiter auf dem *Fliesweg* zweigt vor der Brücke rechts ein Schotterweg ab, der an der Swist entlang den Ort durchzieht. Am Ortsende muß an der *Nußbaumstraße* die Bachseite gewechselt werden. Gleich hinter der Brücke folgt rechts ein schmaler Pfad der Swist, der nach 50 m in einen breiten Feldweg übergeht. Nach gut 1 km wird eine Schutzhütte passiert, von der man aus schon zwischen den Bäumen die roten und schwarzen Dachflächen der **Burg Müttinghoven** (s.S. 72) ausmachen kann. Nach ca. 400 m führt rechts ein Feldweg über den Swistbach zur Burg.

Wer der Swist weiter folgt, kommt nach knapp 2 km gleich unterhalb der Wasserburg in **Morenhoven** an. Da der Zugang zur **Burg Morenhoven** (s.S. 41) sich auf der anderen Seite des Parks befindet, muß die Swistbrücke überquert und neben der Backsteinmauer die *Burgstraße* hinauf gefahren werden.
Für den letzten Abschnitt bis nach **Heimerzheim** muß jetzt in **Morenhoven** die Swistseite gewechselt werden. Der Weg *Im Auel* führt hinaus auf die Felder. Nach 1,5 km besteht die Möglichkeit für einen Abstecher zum **Schloß Miel** (s.S. 40) und der 22 km langen, alternativen Wegeverbindung über Odendorf, Ringsheim, Schweinheim, Loch, Neukirchen und Merzbach nach Rheinbach – mit der Option eines weiteren Abstechers zum **Industriemuseum „Tuchfabrik Müller“ in Kuchenheim** (s.S. 63, 74).

Zufahrt zur Burg Peppenhoven

Am Ortseingang von **Morenhoven** besteht die Möglichkeit eines kurzen Abstechers zur **Wasserburg in Peppenhoven** (s.S. 43). Die Burgzufahrt liegt an der Straßenkreuzung gleich rechts. Wer weiter geradeaus fährt erreicht **Rheinbach** (s.S. 45).

Von Miel sind es nur 11 km bis nach Kuchenheim. Wer dagegen neben der Swist geradeaus weiter fährt, erreicht nach 7 km schließlich die **Burg Heimerzheim** (s.S. 39) und den Endpunkt dieser Etappe.

(22 km) Alternative Wegeverbindung von Miel über Odendorf, Ringsheim, Schweinheim, Loch, Neukirchen, Merzbach nach Rheinbach

Nach Überqueren der Swist bei Morenhoven verläuft der asphaltierte Feldweg neben einer Hecke bis zur wenig befahrenen Kreisstraße *K 52*, dem *Heidgesweg*. Hier rechts abgebogen ist nach der Unterquerung der Autobahn die zur Gemeinde Swisttal gehörende Ortschaft **Miel** erreicht. Die *Rheinbacher Straße* führt rechts durch den Ort. Nach ca. 300 m zweigt links die Zufahrt zum **Schloß Miel** (s.S. 40) ab.

Zurück auf der *Rheinbacher Straße* wird nun links bis zu einer Kapelle weitergefahren. Hier zweigt links die *Weiherstraße* ab, auf der es erst durch ein Wohngebiet, dann am Golfplatz vorbei, hinaus auf die Felder geht. Nach etwa 1 km muß am Wegende rechts zur *B 56* abgebogen werden. Dort folgt der Bundesstraße links gut 200 m ein Radweg bis zur Brücke am Wasserwerk. Die *B 56* nach **Ludendorf** (hier befindet sich das Rathaus der Gemeinde Swisttal) wird hier links wieder verlassen. Der asphaltierte Weg, der nun geradeaus durch die Felder führt, geht auf den letzten 300 m vor der zu überquerenden *B 266* (Vorsicht: starker Autoverkehr!) in einen Schotterweg über. Nach ca. 700 m wird am Bahndamm rechts in die *Oststraße* abgebogen. Am ersten Bahnübergang geht es dann über die Gleise auf der *Orbachstraße* durch **Odendorf**.

Abzweig zum Rheinischen Industriemuseum „Tuchfabrik Müller" in Kuchenheim

An der Lappermühle wird rechts abgebogen und in **Palmersheim** der *Odendorfer Weg* schräg rechts überquert. Auf der *Elisabethstraße* geht es dann weiter geradeaus, bis am Ortsende hinter dem Klärwerk links die *Palmersheimer Straße* abzweigt. Der Radweg rechts führt immer geradeaus nach **Kuchenheim**. Dort wird rechts zunächst in die *Vivaldistraße* und anschließend in die *Carl-Coenen-Straße* abgebogen. Am Erftmühlengraben zweigt rechts die Zufahrt zum **Rheinischen Industriemuseum „Tuchfabrik Müller"** ab (s.S. 74).

Mit der „Tuchfabrik Müller" ist eine einmalige Produktionsstätte erhalten geblieben: eine originalgetreue Weberei aus dem 19. Jh. Hier wurden bis 1961 neben einfachen Wollstoffen für den zivilen Verbrauch auch Uniformtuche hergestellt. Da die Maschinen noch voll funktionsfähig sind, können die Besucher den Weg der Wolle vom Schafscheren bis zur fertigen Kuscheldecke nachvollziehen. Zum Museum für Industrie- und Sozialgeschichte des Landschaftsverbandes Rheinland gehören Wechselausstellungen und ein Museumsshop.

4

Rechts und links begleiten alte Fachwerkhäuser den in eine Betonrinne gepreßten **Orbach**. Nach ca. 500 m, schon von weitem sichtbar, liegt auf der anderen Bachseite die **Odendorfer Burg** (s.S. 73). Noch ein kleines Stück weiter und rechts führt ein Abstecher über eine kleine Straße hoch, vorbei an der kleinen romanischen Kirche, zum restaurierten **Zehnthaus**.

In **Odendorf** geht die Fahrt weiter die *Ohrbachstraße* hinauf. Schon nach 100 m muß die Bachseite gewechselt werden. Die Straße *In der Freiheit* führt aus dem Ort heraus, über die Felder bis zur **Lappermühle**. Hier zweigen ***Wasserburgen-Route*** und ***Euskirchener Burgenrunde*** in Richtung Erft nach rechts ab, während der Weg nach **Rheinbach** weiter geradeaus führt.

4

Wer jetzt schon zur Stadt zurückfahren und der ansteigenden Strecke über Loch und Neukirchen aus dem Wege gehen will, der biegt an der folgenden *K 51* links ab und folgt den Schildern der ***Wasserburgen-Route*** bis zur **Rheinbacher Burg** (s.S. 49). Wer geradeaus weiter fährt kommt zur **Burg Ringsheim** (s.S. 73). Vom schmalen Eingang des Parks aus hat man den besten Überblick.

Zur Weiterfahrt geht es vor der Hecke rechts um den Park herum und anschließend rechts über die *L 119*. Die *Hans-von-Bemberg-Straße*, die in die *Pferdefriedhofsgasse* übergeht, führt schließlich nach **Schweinheim**. Im Ort zweigt links die *Schweizer Straße* ab, von der rechts ein Abstecher zu den Überresten der ehemaligen **Burg Schweinheim** (s.S. 75) möglich ist. Weiter auf der *Locher Straße* geht es nach ca. 1,5 km links auf der anderen Seite der *L 210* weiter bis nach **Loch**.

Leider gibt es auf diesem Abschnitt bis zur Straßenkreuzung „Vier Winde" in **Kurtenberg** keinen separaten Radweg, so dass hier auf der leicht ansteigenden Straße gefahren werden muß. Nach Verlassen des Rheinbacher Ortsteils **Sürst-Hardt** sind es noch 300 m, bis rechts am Schiefelsbach die **Burg Hardt – Haus Winterburg** (s.S. 75) sichtbar wird. Nach knapp 1 km wird die große Straßenkreuzung überquert.Am Ortsschild **Berscheid** zweigt links ein asphaltierter Feldweg ab. Der Weitblick in die Kölner Bucht entschädigt für die etwas mühsame Bergfahrt, nun aber geht es bis Rheinbach nur noch bergab. Kurz vor **Neukirchen** biegt der Weg links in den Ort ab. Rechts dagegen führt der *Böckweg* leicht bergab nach **Merzbach**. Nach einem Regenrückhaltebecken wird am Waldrand links abgebogen. Ist die Landstraße erreicht, führt rechts ein separater Radweg neben der *L 113* durch den **Rheinbacher Stadtwald**. Ab der Stadtgrenze geht es neben dem *Ölmühlenweg* weiter bis nach ca. 800 m rechts der *Mörikeweg* abzweigt. Der führt geradeaus erst zwischen Häusern, dann an einer Hecke entlang – an der Weggabelung links halten – bis zum Rheinbacher Kinderheim. Kurz danach führt die Straße *Stadtwald* links unter Bäumen zurück zum *Himmeroder Wall* und der **Rheinbacher Burg** (s.S. 49).

Redoute

Der letzte Kurfürst von Köln, Max Franz Erzherzog von Österreich, wünschte sich vor den Toren seiner Residenz einen eigenen Badeort, wofür sich Godesberg mit seinen heilkräftigen Mineralwasserquellen trefflich eignete. In wenigen Jahren – er regierte von 1784 bis 1794 – wurde Godesberg zum Heilbad für die feine Gesellschaft aufgerüstet und erhielt einen Brunnen mit Restaurant, ein Theater, Hotels, Logierhäuser und eine Spielbank, die auch gleichzeitig für Bälle, Opern und festliche Gesellschaften gedacht war: die Redoute. Dieser Bau, dessen Namen sich vom französischen redoute = Maskenball herleitet, war vom Kurfürsten auch zur Benutzung durch die Bevölkerung gedacht und hatte die Wiener Redoute von 1748 zum Vorbild, die ihrerseits auf die Versailler Redoute zurückgeht. Der Fürst ließ die Redoute von der Admodiationsgesellschaft bauen, die 1790 das Privileg für Bälle und Glücksspiele erhalten hatte und den Architekten Michael Leydel mit dem Bau beauftragte. Schon 1792 konnte die neue Redoute eingeweiht werden. Im Grundriß erkennt man die Dreiflügelanlage mit zwei zur Gartenseite vorspringenden Seitenflügeln und einem siebenachsigen Mitteltrakt unter flachem Walmdach.

Die schloßartige Hauptfassade überrascht durch den dreiachsigen Mittelrisalit, der von einer Attika mit sechs Musenfiguren bekrönt ist. In ihnen sind die Künste personifiziert, für deren Ausübung die Redoute geschaffen wurde: Tanz, Gesang, bildende Kunst, Musik, Wissenschaft und Poesie. Diesen hohen Idealen wurde die wahre Nutzung der Redoute freilich nicht immer gerecht. Hauptraum im Inneren ist der heute so genannte Beethovensaal, der als Ballsaal konzipiert und auch für Glücksspiele aller Art geeignet war. Er wurde schnell zum gesellschaftlichen Treffpunkt der Badegäste, aber der Spielbetrieb war die Hauptattraktion und geriet gelegentlich außer Kontrolle. Über die Jahre der Revolution und französichen Besatzung lief der Bad- und Spielbetrieb ungerührt weiter, und erst die Preußen verboten das Glücksspiel. Damit war der Redoute die ökonomische Basis entzogen, und wechselnde Eigentümer und Nutzungen beeinträchtigten ihren einstigen Glanz.

Viktor Wendelstadt, der 1856 die Redoute kaufte, rettete diesen letzten Bau aus kurfürstlicher Zeit in Bonn und Bad Godesberg und restaurierte Gebäude und Park. 1920 verkaufte sein Enkel den Besitz an die Stadt, so daß die Redoute wieder zum öffentlichen Festhaus werden konnte. Weil modernen Nutzungen aber ein historisches Gebäude nie recht ist, wurde 1924 auf der Rückseite ein weiterer Saal angebaut. Nach dem Zweiten Weltkrieg benutzten Engländer, Belgier, Franzosen nacheinander im jeweils charakteristischen Stil die Redoute als Offiziersclub, ab 1949 der Club La Redoute der Alliierten Hochkommission. 1953 übernimmt der neugegründete diplomatische „Internationale Club" die Redoute und machte sie für Jahrzehnte zu einem gesellschaftlichen und kulturellen Zentrum, das sich noch immer mit dem eleganten Gebäude aus kurfürstlicher Zeit schmückt.

4

Godesburg

Für viele Jahrhunderte trug der Godesberg nur eine Kapelle und keine Befestigung. Erst im Jahre 1210 legte Erzbischof Dietrich den Grundstein zur Godesburg als der wichtigsten Grenzfestung Kurkölns nach Süden. Dieser Bau bestand aus einer starken Ringmauer auf ovalem Grundriß mit einem Palas im Norden und kleineren Gebäuden, die alle zeittypisch von innen an die Ringmauer angebaut waren. Dafür mußte die Michaelskapelle in die Vorburg verlegt werden, wo sie heute noch steht. Erzbischof Konrad von Are-Hochstaden ließ um 1250 den Bergfried errichten, den sein Nachfolger Erzbischof Walram hundert Jahre später auf die doppelte Höhe brachte und mit einem Wehrgang abschloß, von dem nur noch die Kragsteine erhalten sind. Er befestigte auch das Vorburgplateau mit Ringmauer und Türmen und umgab das Hochschloß mit einem Zwinger. Auf dieser Burg residierten die Erzbischöfe häufig und gerne, bis sie im Truchseßischen Krieg 1583 zerstört wurde. In ihr hatten sich die holländischen (protestantischen) Truppen des verheirateten, zum Protestantismus übergetretenen und abgesetzten Erzbischofs Gebhard Truchseß von Waldburg verschanzt. Herzog Ferdinand von Bayern eroberte für seinen Bruder, den neuen Erzbischof Ernst von Bayern, die als uneinnehmbar geltende Burg, indem er eine Mine in den Berg graben und von dort die Burg sprengen ließ, die zur Hälfte einstürzte. Doch war selbst die Ruine noch stark genug, um im Dreißigjährigen Krieg als Festung der Schweden gegen Kurköln dienen zu können, wobei sie freilich weiter zerstört wurde. Nach der Enteignung durch die französische Besatzungsregierung ab 1794 gerieten die Mauerreste mit dem landschaftsbeherrschenden Rundturm in der Mitte in Gefahr, auf Abbruch verkauft zu werden, und wurden nur auf Betreiben des Kanonikus Franz Pick gerettet. 1815 übernahmen die preußischen Könige die Burg, 1891 schenkte Kaiser Wilhem II. sie der Gemeinde. 1895 wurde ein historisierendes Ausflugslokal eingebaut, das ab 1960 durch moderne Gastronomiebauten von Gottfried Böhm ersetzt wurde. Trotz dieser wechselvollen Geschichte ist die Burganlage des Mittelalters noch einigermaßen anschaulich nachzuvollziehen. Der heutige Besucher betritt das Burggelände über das weitläufige Plateau der Vorburg und gelangt über einen modernen Eingang auf den Resten des gotischen Torhauses ins Hochschloß. Der älteste Zugang erfolgte von Süden. Vom romanischen Palas auf der Nordseite ist vor allem die Hoffassade noch in weiten Teilen erhalten; sogar die Ansätze eines Zinnenkranzes sind sichtbar, hinter dem ein Wehrgang verlief. Der Treppenturm im Winkel ist teilweise neu, vom anschließenden kleineren Gebäude, das wohl die Privatkapelle des Erzbischofs enthielt, sind nur ein paar Mauerreste mit Fenstergewänden stehengeblieben. Nach Osten schloß sich ein weiterer Saalbau an, über dessen Fundamenten Böhm eine überdachte Terrasse anlegte. An der Südseite standen vor allem Wirtschaftsgebäude und die Burgküche, die aus begreiflichen Gründen möglichst alleine stand. Der buchstäblich herausragende Teil der Burg ist der Rundturm inmitten des Hofes, ein echter Bergfried, freistehend, nicht dauerhaft bewohnbar, mit hochgelegenem Eingang und extrem wehrhaft, aber in erster Linie als fernwirksames Machtsymbol gedacht. Der sorgfältige Innenausbau mit Kaminen, Mauertreppen und Nischen ist fast vollständig original. Das Untergeschoß, das nachweislich früher als Verlies diente, ist jetzt für einen bequemeren Zugang mit einem ebenerdigen Eingang versehen.

4

Burg Gudenau

Eine der größten und gepflegtesten Wasserburgen im Rheinland ist die Gudenau bei Villip, deren Lage an der engsten Stelle des Tales ihre strategische Bedeutung als Talsperre noch heute deutlich macht. Zu diesem Zweck und als Grenzfeste der Grafen von Are ist sie im 13. Jh. gegründet worden, die sie ihrerseits über die Abtei Prüm von den rheinischen Pfalzgrafen zu Lehen trugen. Aus dieser Zeit stammen der gedrungene viergeschossige Wohnturm neben dem Torturm und der ersten Vorburg, die südlich davor lag. 1246 starb der letzte regierende Graf von Are ohne Kinder. Sein riesiger Besitz fiel an seinen ältesten Onkel Friedrich von Are, Propst des Stiftes Maria ad Gradus in Köln, wurde aber konfisziert von dessen jüngerem Bruder Konrad von Are-Hochstaden, der Erzbischof von Köln war und das Ganze unter dem euphemistischen Begriff „Hochstadensche Schenkung“ dem Kölner Erzstift übertrug. Deren niederadlige Lehensleute, die von Gudenau, vererbten mit Zustimmung des Erzbischofs Lehen und Burg 1366 an Elisabeth von Gudenau und ihren Gatten Philipp Scherffgin, von denen beides 1402 an die Burggrafen von Drachenfels kam. Diese bauten die Gudenau zur Nebenresidenz in Ergänzung ihrer schwer erreichbaren Burg Drachenfels am Rhein aus.
Gudenau und das zugehörige „Drachenfelser Ländchen“ erhielten durch Heirat 1507 die Waldbott von Bassenheim, denen 1735 ebenfalls durch Heirat die Freiherren von der Vorst aus Lüftelberg folgten. Die Waldbotts bauten 1557-62 die bestehende Anlage, indem sie den alten Wohnturm um ein Vierflügelschloß mit runden Ecktürmen erweiterten und dieses mithilfe des hohen Torturmes mit der dreiflügeligen gotischen Vorburg zu einer einheitlich wirkenden Fassade zusammenschlossen. Eine separate neue Vorburg mit ursprünglich zwei Ecktürmen und einem Torturm wurde der nunmehr entstandenen breiten Schloßfront östlich vorgelegt. Das zeugt insofern von Modernität, als die Hauptzufahrt jetzt nicht mehr in mittelalterlicher Weise aus taktischen Gründen von der Seite, sondern aus rein ästhetischen Erwägungen geradlinig über die Hauptachse erfolgte
Diese für rheinische Verhältnisse auffallend große Burg läßt auf angenehme wirtschaftliche und soziale Verhältnisse schließen, was sich auch in der Erhebung von Villip und Gudenau zur Reichsherrschaft 1659 und der Waldbotts in den Reichsfreiherrenstand 1664 ausdrückte. Im 17. und 18. Jh. wurden noch einige Bauarbeiten für den neuen herrschaftlichen Status durchgeführt, z.B. neue Portale und Balkons sowie ein moderner Innenausbau samt Kapelle und weiß-blau gekacheltem Sommerspeisesaal nach kurfürstlichem Vorbild.
Der einstige Renaissancegarten wurde barock überformt und läßt nach den jüngsten Restaurierungen wieder seine strenge Formalität und stilistische Stringenz erkennen. Durch die Muschelgrotte im Parkende fließt der Gudenauer Bach in die Schloßgräben. 1812 verkauften die Vorst ihren ganzen rheinischen Besitz, der in der Folge häufig weiterverkauft und zersplittert wurde. 1882 erwarb der Kölner Kaufmann Franz Carl Guilleaume die Gudenau, die er durch den Münchener Architekten Gabriel von Seidl für die Erfordernisse eines großbürgerlichen Haushalts umgestalten und technisch modernisieren ließ. Im Erbgang kam die Gudenau an die Grafen Strasaldo, die sie nach schweren Beschädigungen der Kriegs- und Nachkriegszeit mit großem Aufwand in den heutigen perfekten Zustand restaurieren und noch bewohnen.

Wassermühle in Villip

Der Name des Ortes Villip taucht bereits 873 in einer Urkunde König Ludwigs des Deutschen unter dem Namen ‚Philuppa' auf. Aus dieser Zeit stammen auch die ersten Hinweise auf die Wassermühlen im Godesberger Bachtal. 886 vermachte ein gewisser „Laie Hartmann" seine Güter der Abtei Prüm, die er, einschließlich der Wassermühlen, unmittelbar als Lehen zur lebenslänglichen Nutzung zurückerhielt. Einer anderen Quelle nach waren 893 bereits drei Müller auf zwei Villiper Mühlen tätig. Es kann aber sicher angenommen werden, daß deren Wasserräder schon vor dieser Zeit klapperten und Gefälle und Kraft des Baches in mechanische Energie umwandelten. Somit ist die Broicher Mühle heute nicht nur die letzte noch arbeitende Wassermühle des südlichen Rheinlands, sie kann als eine der ältesten auch auf eine über 1100jährige Geschichte zurückblicken.

Die Villiper Mühle war über lange Zeit eine sogenannte ‚Bannmühle' für das Drachenfelser Ländchen. Die Bauern der Umgebung waren bis 1791 gezwungen, ihr Getreide hier mahlen zu lassen. Damals verzichtete der Reichsfreiherr Clemens August von Lombeck mit den Gemeinden Villip und Pech „vor den Schöffen, den Vorsitzenden und den Bürgermeistern der Gemeinden und sämtlichen Einwohnern auf die Ausübung des Mühlenbanners". Von nun an durften auch die anderen Mühlen im Ländchen öffentlich genutzt werden.

Die Broicher Mühle besitzt ein oberschlächtiges Wasserrad – das Wasser aus dem vom Godesberger Bach gespeisten Mühlenteich wird von oben auf das 5,6 m hohe Rad geleitet. Angetrieben werden damit zwei Mahlgänge. Das Getreide wird inzwischen vollautomatisch aus den Silos nach oben befördert und gelangt dann zwischen die Mahlsteine. Dort wird es „zerschnitten" und je nach Bedarf auch fein gemahlen. Über Becherwerke rutscht das Mahlgut, meist Vollkornschrot, anschließend in die Mischmaschine, wo es entsprechend dem Auftrag ‘abgesackt' wird.

Familie Bedorf betreibt die Broicher Mühle in Villip seit mehr als drei Jahrhunderten, zuerst als Pächter und später als Eigentümer. Nach dem Tod des letzten Müllermeisters, Werner Bedorf, 1998, hält Frau Bedorf ihren kleinen Mühlenladen und, zusammen mit ihrem Sohn, die geschichtliche Tradition dieser Wassermühle weiter aktiv am Leben.

Burg Lüftelberg

Am östlichen Uferhang der Swist, unterhalb des Dorfes Lüftelberg, liegt die gleichnamige Burg, die heute den freundlichen Eindruck eines gepflegten kleinen Landschlosses macht und keine Reminiszenzen an ritterliche Zeiten hervorruft. Und doch zeigt schon die topographische Lage, daß der barocke Bau eine mittelalterliche Gründung haben muß, die auf die dauerhafte Wasserversorgung ihrer Gräben angewiesen war und daher nicht oben im Dorf gelegen sein konnte.

So ist noch die heutige Anlage von wassergefüllten Gräben umgeben, die über einen Mühlengraben von der Swist gespeist werden. Auch die Burgmühle vor der Burg war einst wassergetrieben; der Müller war für den Wasserstand der Burggräben verantwortlich. Seit dem Mittelalter gehörte die Burg Lüftelberg zu den Landsitzen des kurkölnischen Hofadels um die Residenz Bonn. Sie entstand an heutiger Stelle wohl erst im 13. Jh. in Nachfolge eines befestigten Hofes derer von Lüftelberg neben der wenigstens aus dem 8. Jh. stammenden Pfarrkirche der Ortsheiligen Lüfthildis, und ist noch heute als zweiteilige Wasserburg mit Herrenhaus auf separater Insel erhalten. Die ehemals dreiflügelige Vorburg war bis ins 17. Jh. wohl nur von Süden zugänglich und mit Ecktürmen befestigt. Zwei Trakte des 17. und 19. Jh. sind erhalten geblieben.

Das Herrenhaus dagegen ist im Mauerwerk noch mittelalterlich. Nach den Herren von Volmarstein, von Fischenich und von Gymnich erbten die Schall von Bell Herrschaft und Burg, die sie Ende des 16. Jh. zum standesgemäßen Sitz eines Unterherrn ausbauten. Der berühmteste der Schall von Bell auf Lüftelberg war im 17. Jh. Johann Adam Schall von Bell, der als Wissenschaftler und Erzieher des Kaisers am chinesischen Kaiserhof zu höchsten Ämtern und Würden gelangte. Die mit vier Ecktürmen recht eindrucksvoll befestigte Burg mitsamt der kurkölnischen Unterherrschaft fiel 1673 durch Heirat an die Freiherren von der Vorst-Lombeck aus Brabant, die damit zur kölnischen Ritterschaft zugelassen wurden. Durch die Heirat mit der Tochter des Erbburggrafen von Drachenfels 1733 kam in der Folge ein enormes Vermögen an die Vorst auf Lüftelberg, mit dem es sich um 1775 der kurfürstliche Obristhofkämmerer Joseph Clemens Freiherr von der Vorst zu Lombeck und Lüftelberg leisten konnte, die für barocke Vorstellungen recht düstere Burg durch den arbeitslosen Hofarchitekten Johann Heinrich Roth zu einer ansprechenden Maison de Plaisance überformen zu lassen, unter weitgehender Verwendung der Altbausubstanz.

Das ergab eine sehr elegante spätbarocke Erscheinung, obwohl man als Kompromiß die Ecktürme und die tragenden Mauern beibehalten hatte, was eine etwas ungleichmäßige, aber dennoch repräsentative Raumfolge bedingte. Höhepunkt der Hauses ist der Saal im Louis-XVI-Stil, dessen Wandbilder nach Fabeln von Aesop und Lafontaine ins Zeitalter der Aufklärung überleiten. Der asymmetrische niedrigere Anbau mit Freitreppe neben dem Haupthaus enthielt vor allem die Küche und einige Wirtschaftsräume nach dem Vorbild des etwas jüngeren Schlosses zu Miel, das mit einem solchen Seitenflügel allein für die Dienerschaft eine neue Entwicklung im europäischen Schloßbau eingeleitet hatte. 1827 heiratete die kinderlose Witwe des letzten von der Vorst auf Lüftelberg ihren Nachbarn Karl Jordans auf Burg Morenhoven, der 1842 in den Adelsstand erhoben wurde. Seitdem sitzt die Familie von Jordans auf Burg Lüftelberg.

GUT EINGEKAUFT.
General-Anzeiger
CDU und FDP halten Abschluss für zu hoch
Ihre Freizeit-Ratgeber
Die General-Anzeiger-Serie im Boulevard als Taschenbuch:
D'heins Regio-Tipps
Band 2
D'heins Regio-Tipps
Nicht alltägliche Ausflugsziele in der näheren und weiteren Bonner Umgebung – ausgesucht und vorgestellt von Werner P. D'hein
NEU
General-Anzeiger BOUVIER
je 12,50 €

Waldgaststätte "Bahnhof Kottenforst"
Tel.: 02225-7322
Meckenheim-Lüftelberg

Der historische Bahnhof Kottenforst

Er zählt zu den schönsten Bahnhöfen im Rheinland, der 1880 zwischen dem Kottenforst und dem Meckenheimer Ortsteil Lüftelberg gebaute Bahnhof Kottenforst. Das Bahnhofsgebäude und insbesondere das Gasthaus mit dem erhalten gebliebenen, diskreten Charme einer Bahnhofsgaststätte der 50er Jahre, ist seit seiner Entstehung überaus beliebtes Radwanderziel.

Der erste Zug auf der von der „Rheinischen Eisenbahn" gebauten Strecke Bonn – Euskirchen wurde mit der Maschine „Greifenwerth" und fünf vollbesetzten Personen- und einem Packwagen am 7. Juli 1880 in Euskirchen abgefertigt und traf um 8.16 Uhr in Bonn ein. Heute halten Züge im Kottenforst nur noch an Wochenenden – der nächste Bahnhof liegt 5 km entfernt im Meckenheimer Industriegebiet.

Obstanbau um Meckenheim

Zwischen Rhein und Ahr ist seit über 100 Jahren neben der Landwirtschaft und dem Weinbau der Obstbau mehr und mehr heimisch geworden. Boden und Klima sind für viele Obstarten geradezu ideal. Selbst im schnellen Vorbeifahren fallen die Apfelplantagen auf, die die Landschaft dieser Region prägen und die Gegend um Meckenheim zum größten Obstanbaugebiet in Nordrhein-Westfalen haben werden lasen.

Zur Obstblüte, wenn sich die Plantagen weiß färben, zeigt sich das Swisttal samt Vorgebirge von seiner ganz besonders attraktiven Seite. Hier gedeihen die bekannten Apfelsorten Cox Orange, Elstar oder Jonagold. Aber auch neuere Sorten wie Gala und Braeburn erfreuen sich zunehmender Beliebtheit. Dank modernster und schonender Technik läßt sich die jährliche Ernte fast ein Jahr lang für die Verbraucher frisch halten.

Birnen, Pflaumen und Schattenmorellen sind ebenfalls wichtige Obstsorten dieser Region, zu denen auch Erdbeeren, Johannisbeeren, Himbeeren und Brombeeren gehören.

Viele Obst- und Gemüsebauern der Region bieten ihre Früchte in kleinen Läden direkt an der Straße an. Für die Vitamin-Oasen unterwegs gilt daher: frischer geht's nicht mehr.

4

Heisterbacher Hof, Flerzheim

Das so vornehm allein am Ortsrand von Flerzheim liegende herrschaftliche Anwesen war nie ein Adelssitz, sondern viele Jahrhunderte ein Gutshof der Abtei Heisterbach. Im Jahre 804 wird kirchlicher Grundbesitz in Flerzheim erwähnt, der ab 1244 von Heisterbach unter der Oberhoheit des Erzbischofs von Köln verwaltet wird. Der von der Abtei errichtete Hof wurde 1623 und noch einmal 1708 bis 1715 erneuert. Diese vierflügelige Hofanlage, von Wassergräben geschützt, liegt noch dem heutigen Hof zugrunde und unterscheidet sich von einem standesgemäßen Rittersitz dadurch, daß sie kein separates Herrenhaus auf eigener Insel besitzt. Im Ostflügel residierte der Heisterbacher Abt, wenn er seine Flerzheimer Untertanen besuchte und das Hochgericht hielt. Mit der Säkularisation des Kirchenbesitzes unter französischer Herrschaft wurde auch der Heisterbacher Hof Flerzheim enteignet und von einem Bonner Bürger, Leopold Wolff, erworben. Seine Erben verkauften 1895 Hof und Land an Franz Joseph Reuter, nach dessen letztem Willen 1919 der Besitz an den Pflegeorden der Cellitinnen übertragen wurde. Im „Antoniuskloster" wurden ein Pflegeheim und eine Haushaltsschule eingerichtet. 1925 brannten alle Gebäude: bis auf die Umfassungsmauern aus und konnten erst 1933 wiederaufgebaut werden, das Haupthaus wie früher zweigeschossig, die Nebenflügel niedriger. Das Barockportal wurde vom Innenhof in die Gartenfassade versetzt, die letzten Wassergräben zugeschüttet, aber das westliche Zugbrückentor blieb erhalten. Danach führten Franziskanerinnen die Klosterarbeit weiter; seit 1998 leben Schwestern eines nigerianischen Ordens im stillen Heisterbacher Hof, der mit seinem abgeschiedenen Kreuzgang nun endgültig zum Kloster geworden ist.

Haus Müttinghoven

Der weitläufige, eindrucksvolle Gutshof in freier Feldflur ist aus einem kirchlichen Besitztum entstanden. Die Kölner Kirche hatte durch königliche Schenkungen großen Grundbesitz in der Region, über den sie adelige Vögte als Vertreter einsetzte. Die Vögte bauten dann die Höfe oder Burgen. 1230 kaufte der edelfreie Ritter Johann von Löwenburg seinem Lehensmann Wezzilo von Müttinghoven dessen Lehen ab und schenkte es der Abtei Heisterbach, aber erst 1303 kamen auch die Hofgebäude durch Kauf an die Abtei. Es gab zwei Höfe in Müttinghoven, die bis ins 18. Jh. nicht deutlich zu unterscheiden sind. Offenbar sind aber die Äbte von Heisterbach bis 1794 Lehensherren beider Güter gewesen, Lehensnehmer waren die von Gymnich, die von Breitbach, die von der Horst, ab 1513 von der Vorst. Die Interpretation der zeitgenössischen Quellen ist schwierig und führt immer wieder zu Verwechslungen der Höfe Müttinghoven und Medinghoven. Wahrscheinlich besaß den Rittersitz um 1670 der Freiherr Raitz von Frenz zu Mattefeld, dessen Tochter ihn an die Freiherren von Gysenberg brachte, von denen er um 1780 an Friedrich Ludolf Freiherr von Boenen kam, der aufgrund seiner Heirat den Namen von Westerholt-Gysenberg annahm und in den Grafenstand erhoben wurde. Heute gehört Müttinghoven den Freiherren Raitz von Frentz. Das große, schmucklose Herrenhaus ist deutlich als Pächterwohnhaus ausgewiesen und wurde in der zweiten Hälfte des 18. Jh. neu- oder umgebaut, während die Hofgebäude einem weitgehenden Neubau vom Anfang des 20. Jh. im sogenannten Heimatschutzstil entstammen.

4

Burg Ringsheim

Das weitläufige Schloss Ringsheim liegt allein in der Feldflur, was für einen alten rheinischen Rittersitz sehr ungewöhnlich ist. Das zugehörige Dorf ist schon im 17. Jh. bis auf seine Kirche untergegangen. Ringsheim war sicher eine fränkische Gründung, aber eine Burg wurde erst anlässlich ihrer Zerstörung 1249 erwähnt. Gelegen zwischen Flamersheimer Bannwald und der Krönungsstraße, war Ringsheim strategisch wichtig und demzufolge stark umkämpft. Als Lehen von Köln war sie seit dem 13. Jh. Besitz der bedeutenden Herren von Ringsheim. Neben ihrer sehr großen Burg Ringsheim mit Dorf und Kirche besaßen sie ein Hauskloster in Schweinheim und außerdem die Burgen in Flamersheim und Lindweiler. Wegen Überschuldung mussten sie 1455 ihren Besitz an Johann Hurth von Schoeneck verkaufen, den Erbmarschall von Jülich. Mit dem Aussterben der Schoeneck im Jahre 1615 war das Lehen erledigt, wurde vom Erzbischof eingezogen und erst 1635 wieder an den Generalwachtmeister Johann Freiherr von Beck vergeben, dessen Sohn es schon 1656 an Philipp von der Vorst-Lombeck weiterverkaufte. Dieser, ein hoher kurkölnischer Beamter, baute das 1646 zerstörte Schloss mit beträchtlichem Aufwand wieder auf, nachdem er 1663 zum Freiherrn erhoben worden war. Dann verfiel das Schloss wieder, bis nach langem Rechtsstreit 1713 die Erben der Hurth von Schoeneck, die Freiherren von Harff zu Dreiborn, Ringsheim zugesprochen bekamen und erneut wiederherstellen mussten. Auf die Freiherren von Manteuffel (ab 1783) folgte 1791 der Freiherr von Dalwigk auf Flamersheim, und seitdem sind beide Schlösser im selben Familienbesitz geblieben, bis Ringsheim 1990 im Erbgang an Wennemar von Schaaffhausen fiel. Heute besteht Schloss Ringsheim aus Herrenhaus, innerer Vorburg mit angebautem Wirtschaftshof und dem Areal der großen äußeren Vorburg mit erhaltenem Graben-

ring, in der die Kirchenruine steht. Ansonsten sind von der äußeren Vorburg nur noch Reste von Mauern und Türmen bis Bodenniveau erhalten. Über die innere Vorburg erfolgt heute der Hauptzugang zur Schlossanlage; ihre Gebäude sind von innen an die türmebewehrte Mauer des 13. Jh. angebaut. Auf der hohen Inselummauerung der mittelalterlichen Hauptburg erhebt sich das eindrucksvolle Schloss des 17. Jh., von dem der Hauptflügel mit zwei großen Türmen noch steht. Bemerkenswert ist hieran die hofseitige Loggia, die nach 1861 zum Korridor zugemauert wurde, und der parkseitige Vorbau, der ebenfalls erst von den Bembergs zum Portal umgestaltet wurde. An die einstige Vierflügelanlage erinnern nur noch die kurzen hofseitigen Anbauten. Das Innere des von seinen Eigentümern bewohnten Schlosses ist ganz im großbürgerlichen Stil des späten 19. Jh. gehalten.

Odendorf

Eine Burg in Odendorf hat es lange vor dem heutigen Burghaus gegeben, wenn auch kaum als Sitz des sagenhaften Sigebodo von Odendorp, 1051 Ritter der Königin Richeza. Ein Ortsadelsgeschlecht wird 1218 faßbar und war den Edelherren von Dollendorf lehenspflichtig, die sich 1278 dem Erzbischof von Köln unterwarfen. 1308 erbten die Grafen von Blankenheim die Dollendorfer Güter in Odendorf, von einer Burg oder den Herren von Odendorf ist nicht mehr die Rede. Ab 1481 bis zur Säkularisation 1802, gehörte alles dem Karthäuserkloster zu Trier, unterlag aber der Oberhoheit des Herzogs von Jülich. Auf dem Platz der mittelalterlichen Burg baute gegen 1678 Ferdinand von Sturm, kaiserlicher Oberkriegskommissar und Gerichtsschreiber des Amtes Tomberg, das noch bestehende Burghaus, das als landtagsfähiger Rittersitz eingestuft war und bis 1851 bei den von Sturm blieb. 1885 wurde das Inventar verkauft, das Burghaus kam immer weiter herunter, bis es 1974 in verantwortungsvolle Hände überging und durchgreifend restauriert wurde. Einer der neuen Eigentümer, Dieter Spiegelhauer, garantierte als Denkmalpfleger die fachlich einwandfreie Durchführung. Die Entstehung des Burghauses im 17. Jh. erklärt sich aus dem Legitimationsdruck der 1632 geadelten Familie von Sturm, die als Eintrittsbillet in den ritterschaftlichen Adel einen standesgemäßen Herrensitz benötigte. Schon die doppelte Toranlage mit rustizierten und übergiebelten Portalen hebt die Burg von der Umgebung ab, erst recht das hohe turmartige Haus. Eingangstür, Freitreppe, die begleitenden Ecktürmchen und ein qualitätvoller Innenausbau zeigen den herrschaftlichen Anspruch.

Burg Schweinheim

Kaum mehr als ein fünfeckiges Türmchen mit geschweifter Haube und ein paar mittelalterliche Mauerreste erinnern an die Burg Schweinheim, deren Vorburg in dem bestehenden vierflügeligen Gutshof aus dem 19. Jh. aufgegangen ist. Und doch gab es hier schon 1333 eine veritable zweiteilige Wasserburg, deren Herrenhaus wohl ein kräftiger Bruchsteinwohnturm westlich des Gutshofes gewesen ist. Spätestens im 16. Jh., als die Burg Schweinheim Sitz einer Jülicher Unterherrschaft wurde, muß das Burghaus vergrößert oder an anderer Stelle neu gebaut worden sein, wahrscheinlich im Nordwesten. Die Stelle ist überbaut, beide Burghäuser bzw. ihre Reste wurden im 19. Jh. abgebrochen, als die Eigentümer sich hier auch nicht mehr gelegentlich aufhielten und der Unterhalt einer Burg nur für Pächter oder Verwalter zu kostspielig geworden war, nachdem ihre herrschaftlichen Privilegien und Vorteile verlorengegangen waren. Noch 1723 ist die komplette Burg in einer bebilderten Liste der landtagsfähigen Jülicher Rittersitze enthalten, wobei die Darstellung allerdings höchst phantasievoll ist. Als erste trugen 1333 die von Friesheim die jülichsche Burg mit Vorburg, Dorf und Gericht vom Grafen von Jülich zu Lehen. Später treten dann so erlauchte Namen auf wie die von Auwe und von Birgel, die jeweils zum engsten Kreis des Herzogshauses gehörten und in Schweinheim sicher nicht residiert haben, wie die von Weyer und seit 1402 die Spies von Büllesheim. Im 17. Jh. folgten die von Bernsau, im 18. Jh. die von Steinen und von Weichs. Im 19. Jh. sank der ehemalige Rittersitz zu einem großen Pachthof herab, dessen Besitzer an der alten Geschichte und Substanz nicht mehr interessiert waren.

Winterburg

Die Winterburg wird heutzutage gerne falsch eingeschätzt, wirkt sie doch wie ein würdevoller, aber einfacher Gutshof. Bei näherem Hinsehen fallen aber doch das solide Bruchsteinmauerwerk, die aufwendigen Sandsteineinfassungen der Fenster und vor allem der kleine Eckturm mit seiner Zwiebelhaube auf. Auch gab es offensichtlich einmal eine Wasserumwehrung. Tatsächlich war die Winterburg Zentrum einer nicht gerade kleinen jülichschen Unterherrschaft, also eines politisch fast eigenständigen Gebietes. 1342 wurde die Winterburg erstmals erwähnt, als der Herr Lambert von Rheinbach sie mit allen seinen anderen Gütern dem Erzbischof von Köln abtrat. Seine Nachfolger im Lehen, die Herren von Rennenberg, wechselten 1425 den Lehensherrn und wandten sich dem Herzog von Jülich zu. In der Folge splitterte sich der Besitz auf mehrere Inhaber auf, erst 1641 hatte sie wieder einen Besitzer, den Freiherrn von Ruland. Einige Verkäufe später hatte sie Rudoph Adolf von Geyr auf Müddersheim, dessen Sohn 1771 Umbauten vornahm und sein Wappen anbrachte. Noch 1808 bestand die Anlage aus Haupt- und Vorburg mit Wassergräben. Seit der ersten Hälfte des 19. Jh. gehört sie der Familie von Brauchitsch. Weitgehend erhalten ist das vierflügelige Herrenhaus, wie es Renier Roidkin um 1725 gezeichnet hat. Nur das zweigeschossige Renaissancegebäude wich 1771 dem heutigen eingeschossigen Wohnhaus, während die Vorburg im 19. Jh. ganz abgebrochen wurde und nur noch anhand ihrer Gräben zu lokalisieren ist.

Bergbau in der Voreifel

Bis Mitte des 19. Jh. war im früheren Landkreis Rheinbach ein florierender Erzabbau zu beobachten, nämlich in den heutigen Höhenwohngebieten Queckenberg/Loch bis hin nach Berscheid sowie in den Höhen über Neukirchen. Das Gasthaus „Zu den vier Winden" gehörte früher zu der Zechenanlage. Direkt dahinter befinden sich noch heute Abraumhalden.

Erinnert an die alten Bergwerk-Zeiten wird u.a. noch heute in dem malerischen Voreifeldorf und Rheinbacher Stadtteil Neukirchen. Mitten im Ort prangt wie eh und je über der Toreinfahrt einer früheren Schmiede das traditionelle Bergwerkszeichen, Schlegel und Eisen. Über den einstigen Abraumhalden und Schächten haben sich längst wieder Weiden und sogar Mischwälder ausgebreitet. Die Initiative, in der Voreifel Blei- und Kupfererze „nicht ganz erfolglos zu fördern", so Berichte aus dem 18. Jh., wird den Mönchen des Klosters Heisterbach zugeschrieben. Einhundert Jahre später wird schon von einem systematischen Bergbau berichtet. Die Einführung der Dampfmaschine in der Mitte des 19. Jh. ließ es zu, in größeren Tiefen zu schürfen. So wurden damals viele bereits wieder stillgelegte, alte Erzvorkommen neu erschlossen. 1853 betrieb eine niederländische Gruppe in schon vorhandenen Gruben einen Stollen- und Schachtbetrieb für Blei- und Kupfererze. Die Erzgewinnung wurde allerdings durch Sickerwässer stark behindert. 1873 mußte die Förderung deshalb sogar unterbrochen werden. 1902 wurde das Grubenfeld noch einmal wesentlich erweitert und bis auf 110 Meter Tiefe vorangetrieben. Mit Pferdegespannen wurde das Erz ins Tal hinab bis zur nächsten Bahnstation nach Rheinbach transportiert. Die wieder bergan zurückkehrenden Gespanne fuhren nicht etwa leer, sondern brachten die zum Betrieb der Dampfmaschinen benötigte Kohle in die Höhenlagen hinauf. Während des

Ersten Weltkrieges wurden Kriegsgefangene im Bergbau eingesetzt. 1918 kam der Abbau dann völlig zum Erliegen. Die Grubenanlagen wurden zwangsversteigert, Maschinen und Liegenschaften verkauft. Das Recht, in den Voreifeler Höhen Erz abzubauen, wurde allerdings erst 1962 endgültig aufgegeben.

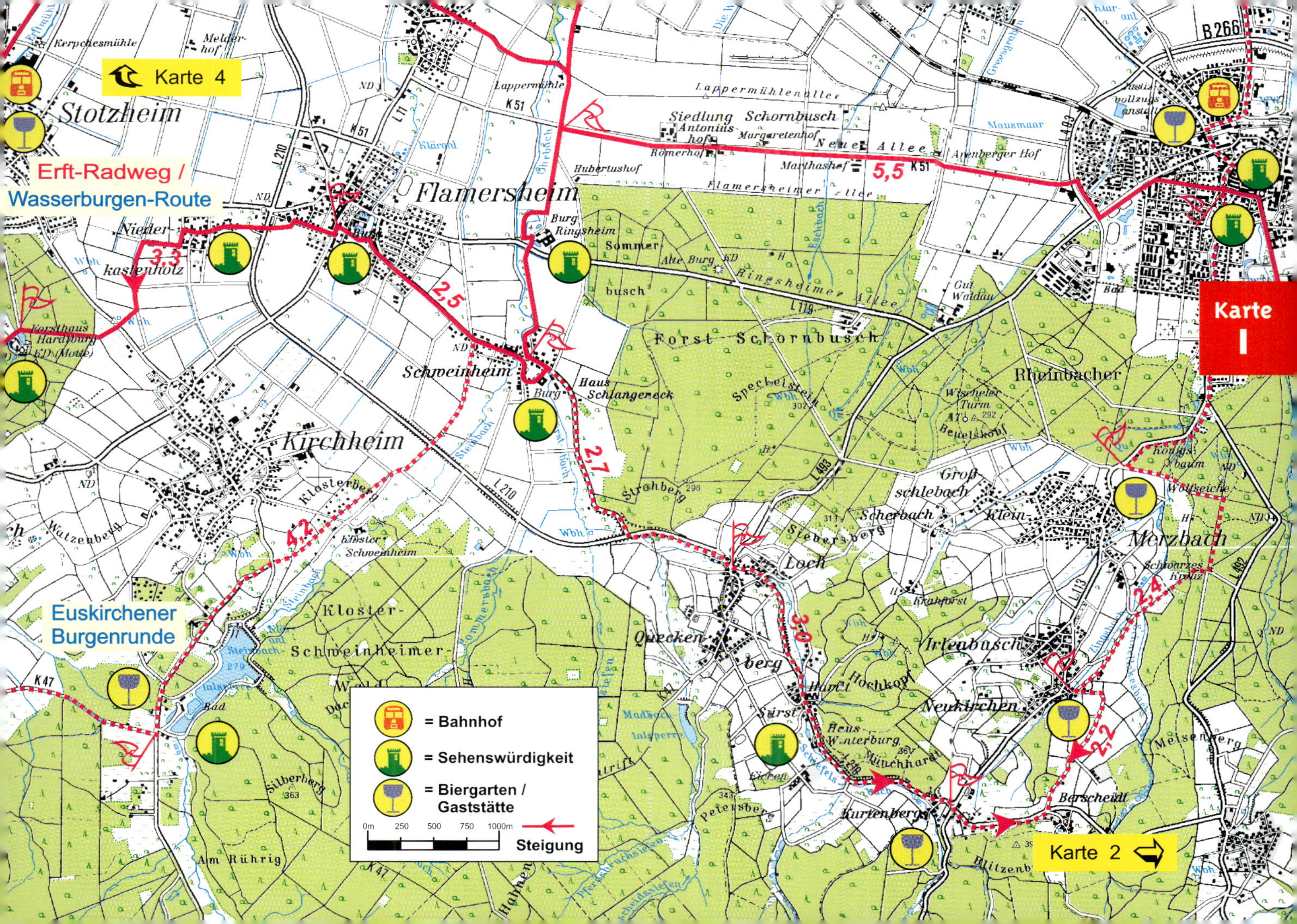

Karte 4
Stotzheim
Erft-Radweg /
Wasserburgen-Route
Flamersheim
Siedlung Schornbusch
Forst Schornbusch
Schweinheim
Kirchheim
Rheinbacher
Karte
I
Euskirchener
Burgenrunde
Loch
Queckenberg
Irlenbusch
Neukirchen
Merzbach
Kurtenberg
Berscheidt
Karte 2
5,5
3,3
2,5
2,7
4,2
3,0
2,4
2,2
= Bahnhof
= Sehenswürdigkeit
= Biergarten / Gaststätte
0m 250 500 750 1000m
Steigung

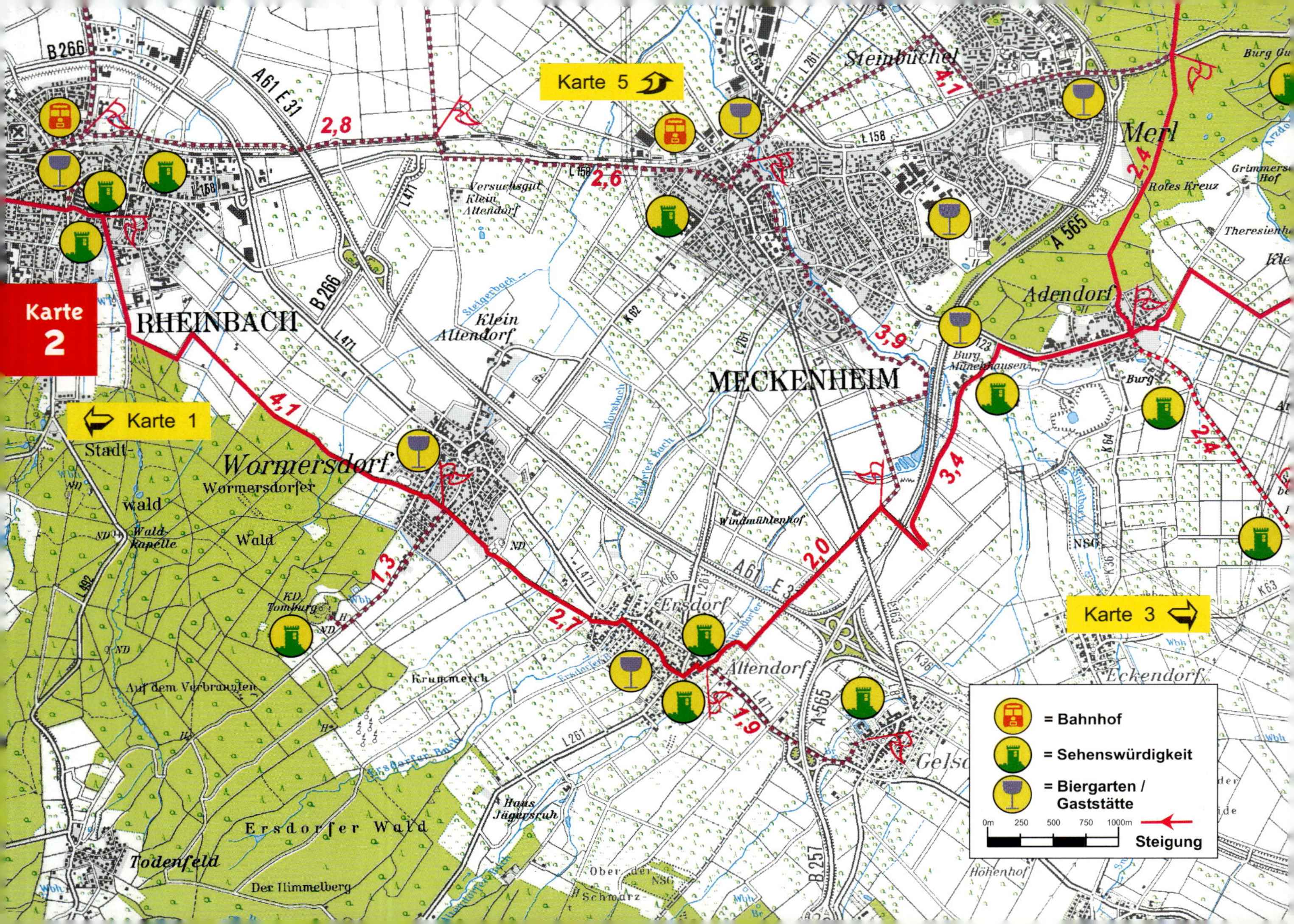

Karte 2
Karte 1
Karte 3
Karte 5
RHEINBACH
MECKENHEIM
Wormersdorf
Merl
Adendorf
Steinbüchel
Klein Altendorf
Ersdorf
Altendorf
Todenfeld
Ersdorfer Wald
Wormersdorfer Wald
Stadt-wald
Eckendorf
Gelsdorf
4,1
2,8
2,6
3,9
3,4
2,4
2,0
2,7
1,3
1,9
= Bahnhof
= Sehenswürdigkeit
= Biergarten / Gaststätte
0m 250 500 750 1000m
Steigung

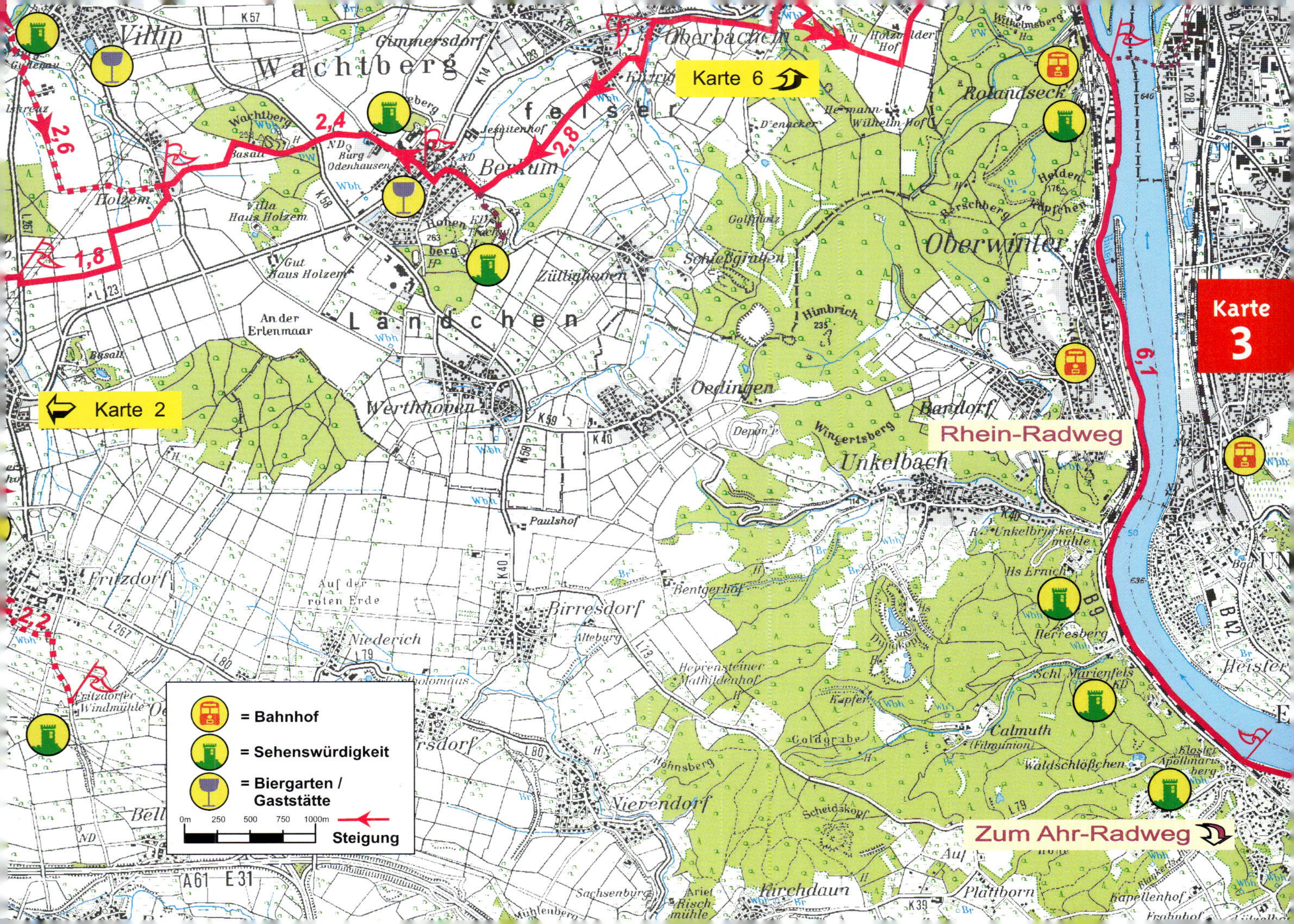
Karte 6
Karte 2
Karte 3
Rhein-Radweg
Zum Ahr-Radweg
= Bahnhof
= Sehenswürdigkeit
= Biergarten / Gaststätte
Steigung
0m 250 500 750 1000m
2,6
2,4
2,8
1,8
2,2
6,1
Villip
Wachtberg
Gimmersdorf
Oberbachem
Berkum
Holzem
Villa Haus Holzem
Gut Haus Holzem
Burg Odenhausen
Ländchen
An der Erlenmaar
Werthhoven
Züllighoven
Oedingen
Unkelbach
Bandorf
Oberwinter
Rolandseck
Himbrich
Schießgraben
Paulshof
Fritzdorf
Auf der roten Erde
Birresdorf
Niederich
Bentgerhof
Herresberg
Schl. Marienfels
Calmuth
Goldgrabe
Waldschlößchen
Nierendorf
Scheidskopf
Kirchdaun
Plattborn
Fritzdorfer Windmühle
Wingertsberg
Hs Ernich
Unkelbrucker mühle

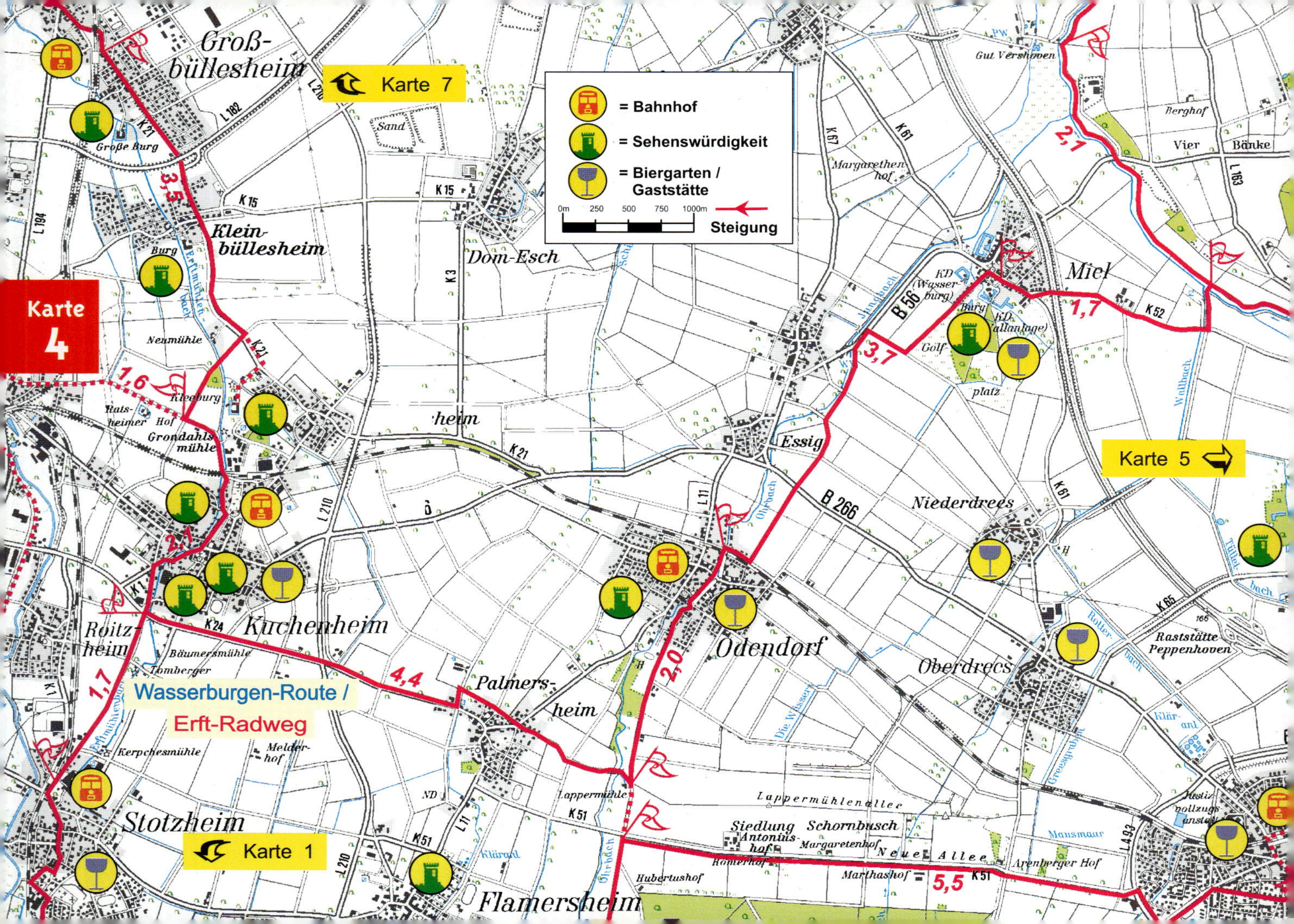

Karte 4
Karte 7
Karte 5
Karte 1
= Bahnhof
= Sehenswürdigkeit
= Biergarten / Gaststätte
0m 250 500 750 1000m
Steigung
Wasserburgen-Route /
Erft-Radweg
Groß-büllesheim
Große Burg
Klein-büllesheim
Burg
Neumühle
Kleeburg
Ratsheimer Hof
Grondahlsmühle
Dom-Esch
Essig
Miel
Gut Vershoven
Berghof
Vier Bänke
Margarethenhof
Sand
Golfplatz
Niederdrees
Oberdrees
Raststätte Peppenhoven
Odendorf
Kuchenheim
Roitzheim
Bäumersmühle
Tomberger
Palmersheim
Kerpchesmühle
Melderhof
Lappermühle
Lappermühlenallee
Siedlung Schornbusch
Antoniushof
Margaretenhof
Neue Allee
Römerhof
Hubertushof
Marthashof
Arenberger Hof
Stotzheim
Flamersheim
3,5
1,6
2,1
1,7
4,4
2,0
3,7
5,5
B 56
B 266
K 15
K 21
K 24
K 51
K 52
K 61
K 65
L 182
L 194
L 210
L 163
L 11
L 493
K 3

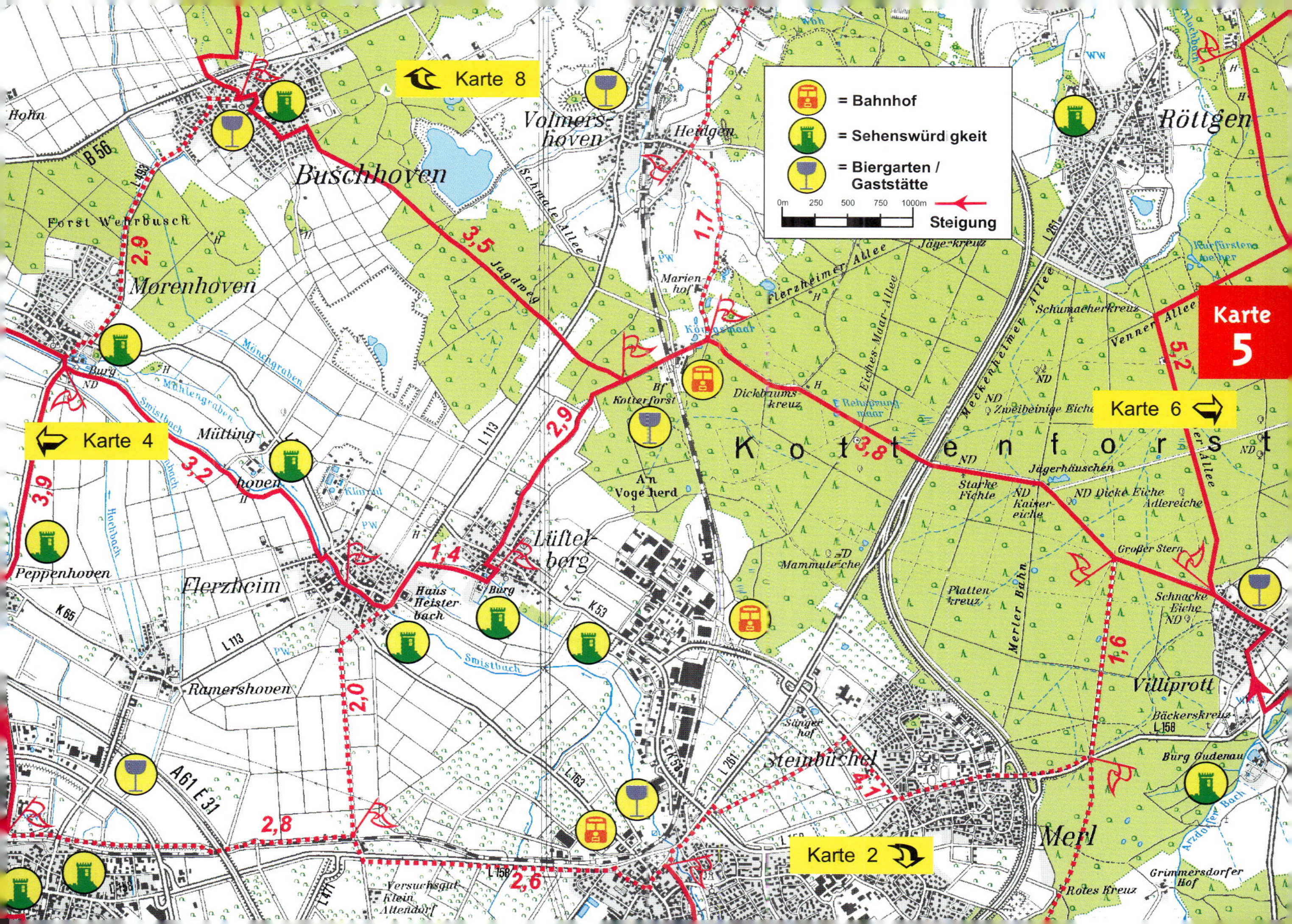
Karte 8
Karte 4
Karte 6
Karte 2
Karte 5
= Bahnhof
= Sehenswürdigkeit
= Biergarten / Gaststätte
0m 250 500 750 1000m
Steigung
Buschhoven
Volmershoven
Heidgen
Röttgen
Morenhoven
Forst Wehrbusch
Hohn
Burg
Mühlengraben
Mönchgraben
Swistbach
Müttinghoven
Peppenhoven
Flerzheim
Haus Heisterbach
Burg
Lüftelberg
Ramershoven
Kottenforst
Bf Kottenforst
Marienhof
Dickbuschkreuz
Jägerkreuz
Schumacherkreuz
Flerzheimer Allee
Eiches-Mdar-Allee
Meckenheimer Allee
Venner Allee
Jägerhäuschen
Zweibeinige Eiche
Starke Fichte
Kaiser-eiche
Dicke Fichte
Adlereiche
Großer Stern
Mammuteiche
Plattenkreuz
Merler Bahn
Schnacke Eiche
Villiprott
Bäckerskreuz
Burg Gudenau
Steinbüchel
Sängerhof
Merl
Rotes Kreuz
Grimmersdorfer Hof
Versuchsgut Klein Altendorf
Jagdweg
Schmale Allee
Kurfürstenweiher
An Vogelherd
B 56
L 113
K 53
L 261
L 158
A61 E31
K 65
3,5
2,9
1,7
2,9
3,2
3,9
1,4
3,8
5,2
1,6
2,0
2,8
2,6
4,1

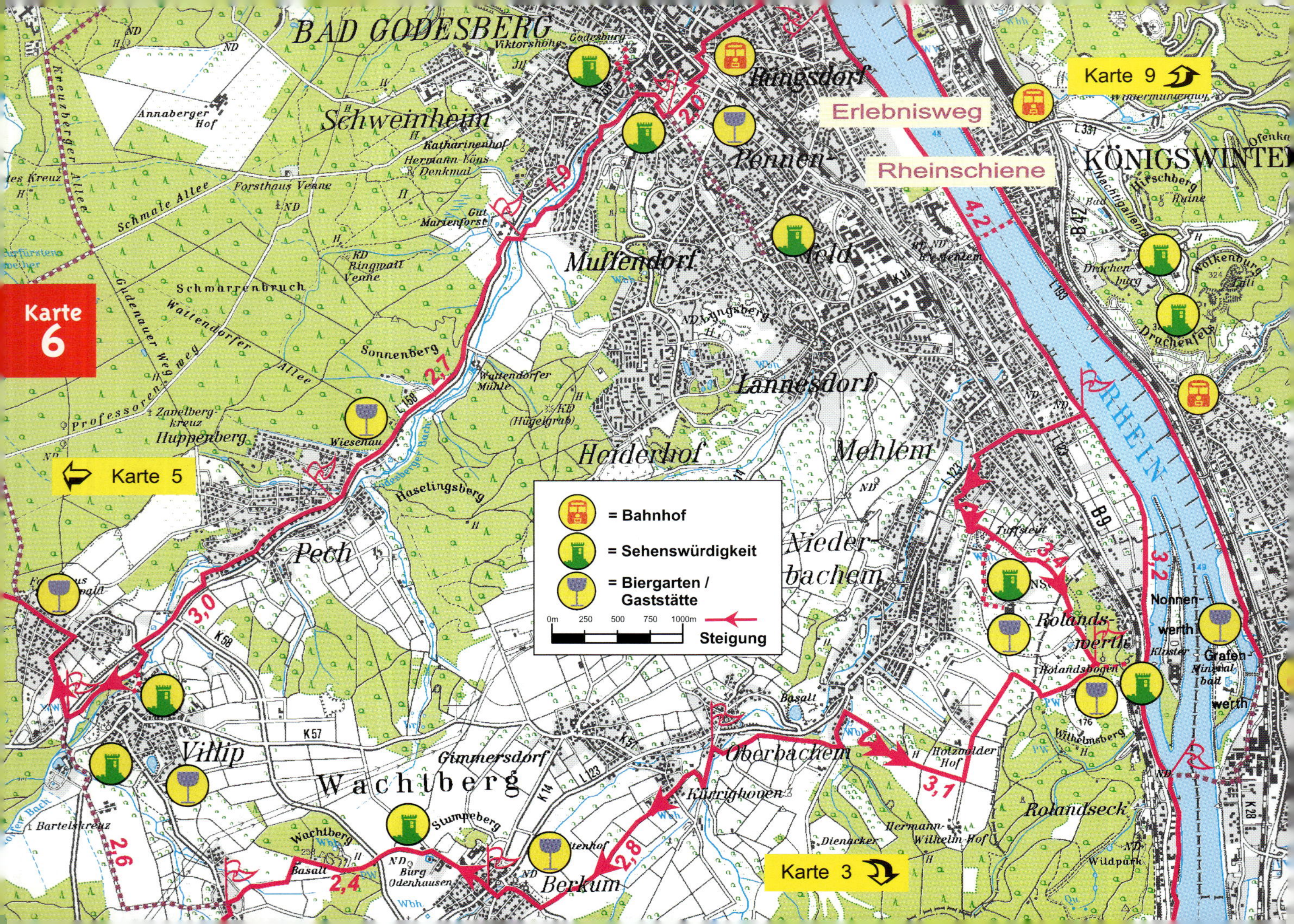

BAD GODESBERG
Karte 9
Erlebnisweg
Rheinschiene
KÖNIGSWINTER
Schweinheim
Muffendorf
Lannesdorf
Heiderhof
Mehlem
Karte 6
Karte 5
Pech
Niederbachem
RHEIN
Villip
Wachtberg
Gimmersdorf
Oberbachem
Berkum
Rolandseck
Karte 3
= Bahnhof
= Sehenswürdigkeit
= Biergarten / Gaststätte
0m 250 500 750 1000m
Steigung

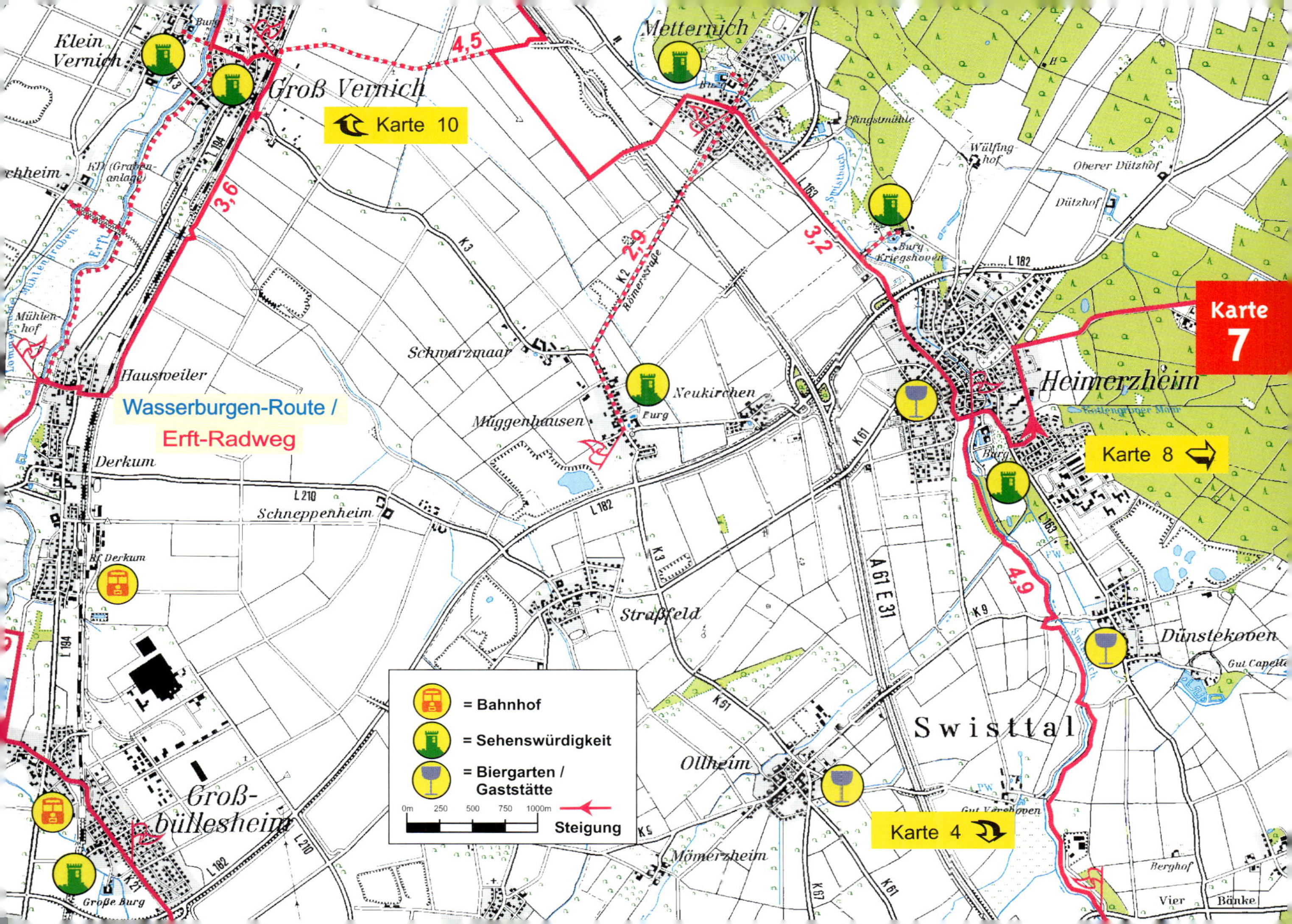

Karte 10
Karte 7
Karte 8
Karte 4
Wasserburgen-Route /
Erft-Radweg
Klein Vernich
Groß Vernich
Metternich
Hausweiler
Derkum
Schwarzmaar
Neukirchen
Müggenhausen
Schneppenheim
Heimerzheim
Straßfeld
Dünstekoven
Swisttal
Ollheim
Mömerzheim
Groß-büllesheim
Große Burg
Bf Derkum
Wülfinghof
Oberer Dützhof
Dützhof
Pfingstmühle
Burg Kriegshoven
Gut Capelle
Gut Vershoven
Berghof
Vier
Bänke
Mühlenhof
Römerstraße
A 61 E 31
4,5
3,6
2,9
3,2
4,9
= Bahnhof
= Sehenswürdigkeit
= Biergarten / Gaststätte
0m 250 500 750 1000m
Steigung

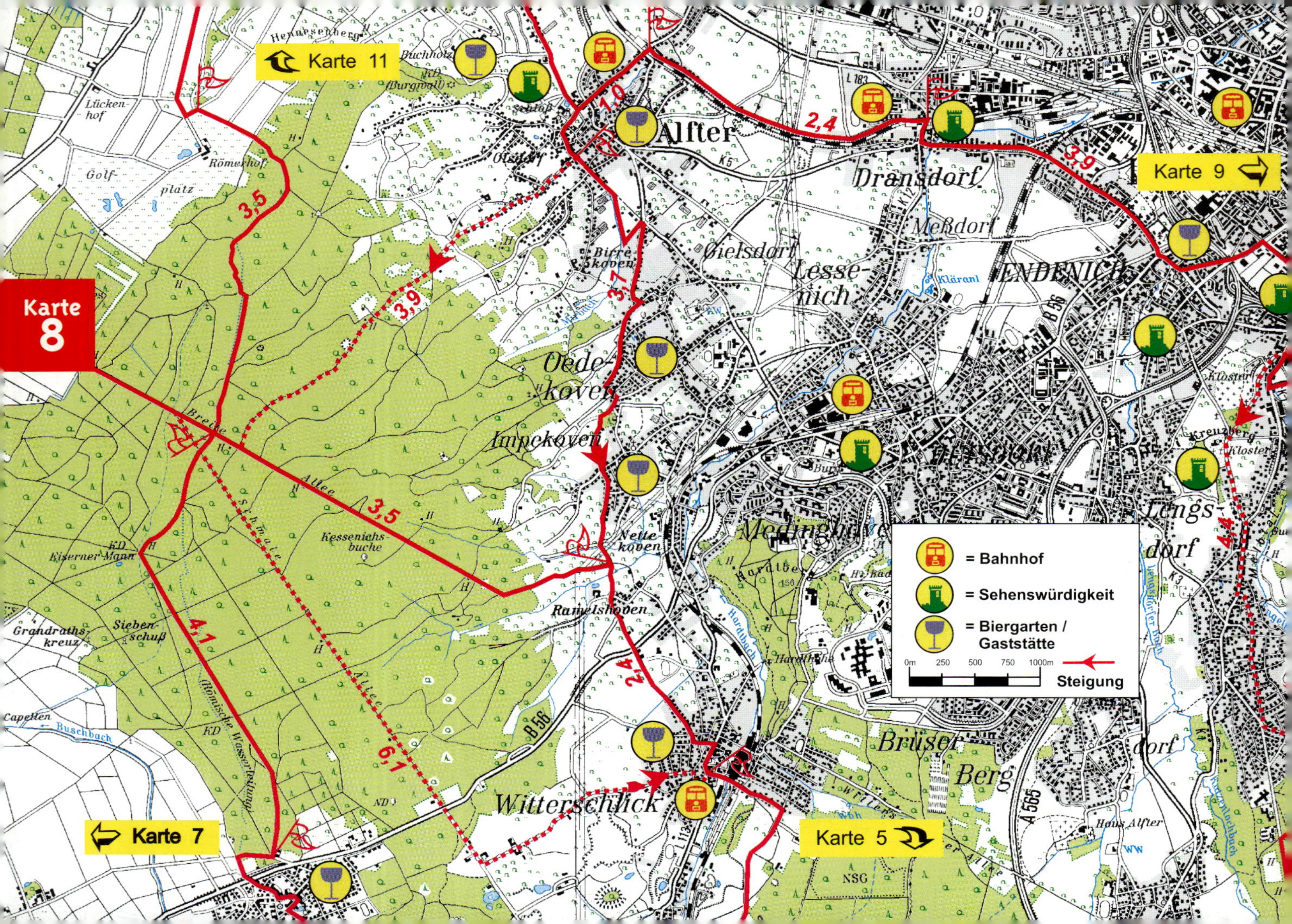

Karte 8
Karte 11
Karte 9
Karte 7
Karte 5
Alfter
Dransdorf
Meßdorf
Gielsdorf
Lessenich
ENDENICH
Oedekoven
Impekoven
Nettekoven
Ramelshoven
Witterschlick
Bruser Berg
Lengsdorf
Medinghoven
Kesseniehsbuche
Eiserner Mann
Grandrathskreuz
Siebenschuß
Lückenhof
Golfplatz
Römerhof
Capellen
Buschbach
Hardtbach
= Bahnhof
= Sehenswürdigkeit
= Biergarten / Gaststätte
0m 250 500 750 1000m
Steigung

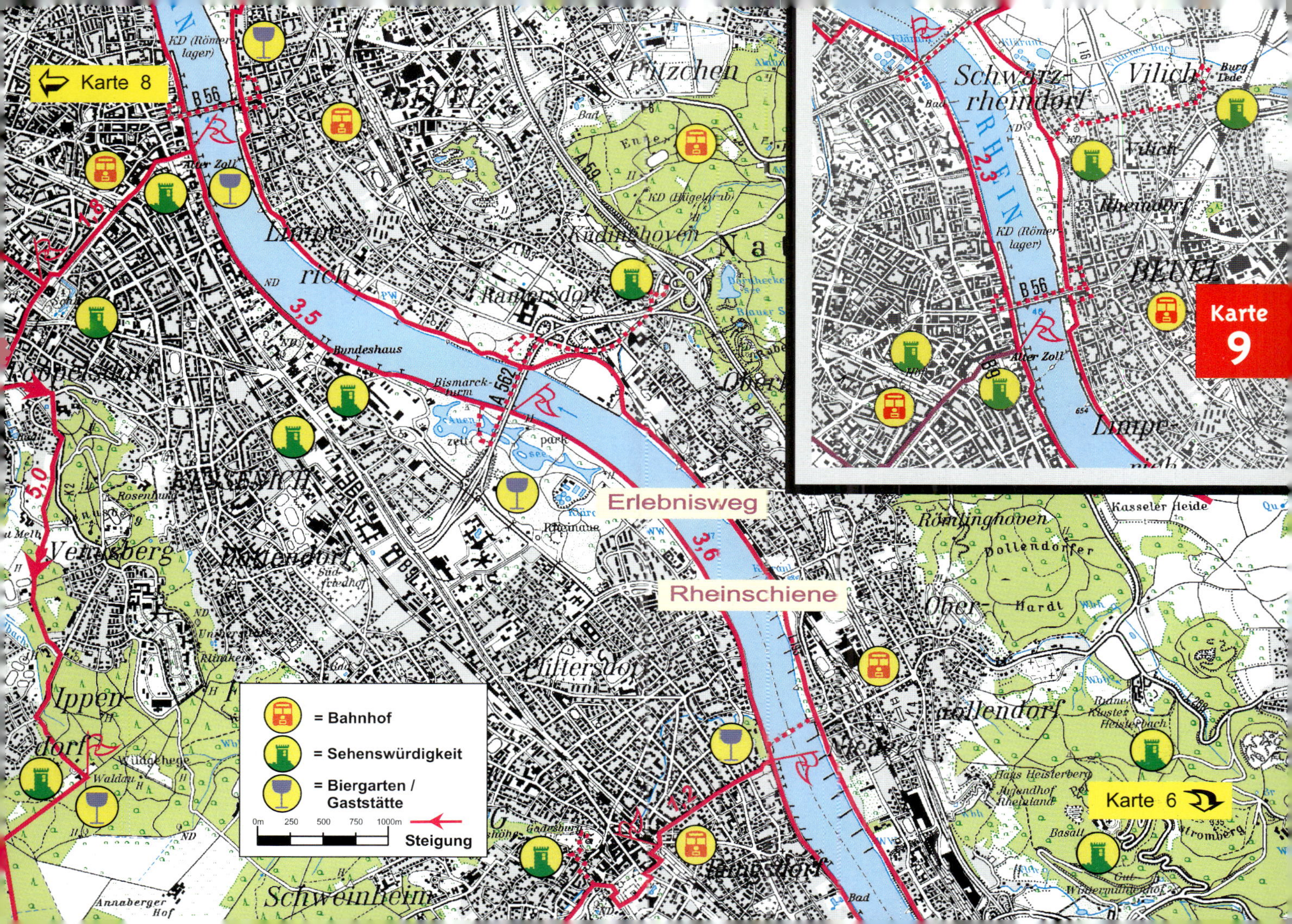
Karte 8
Karte 9
Karte 6
Erlebnisweg
Rheinschiene
= Bahnhof
= Sehenswürdigkeit
= Biergarten / Gaststätte
0m 250 500 750 1000m
Steigung
Bundeshaus
Beuel
Schwarz-rheindorf
Vilich
Limperich
Ramersdorf
Küdinghoven
Venusberg
Ippendorf
Röttgen
Rhein
Oberkassel
Dollendorfer Hardt
Niederdollendorf
Mehlem
Schweinheim
Römlinghoven
Kasseler Heide

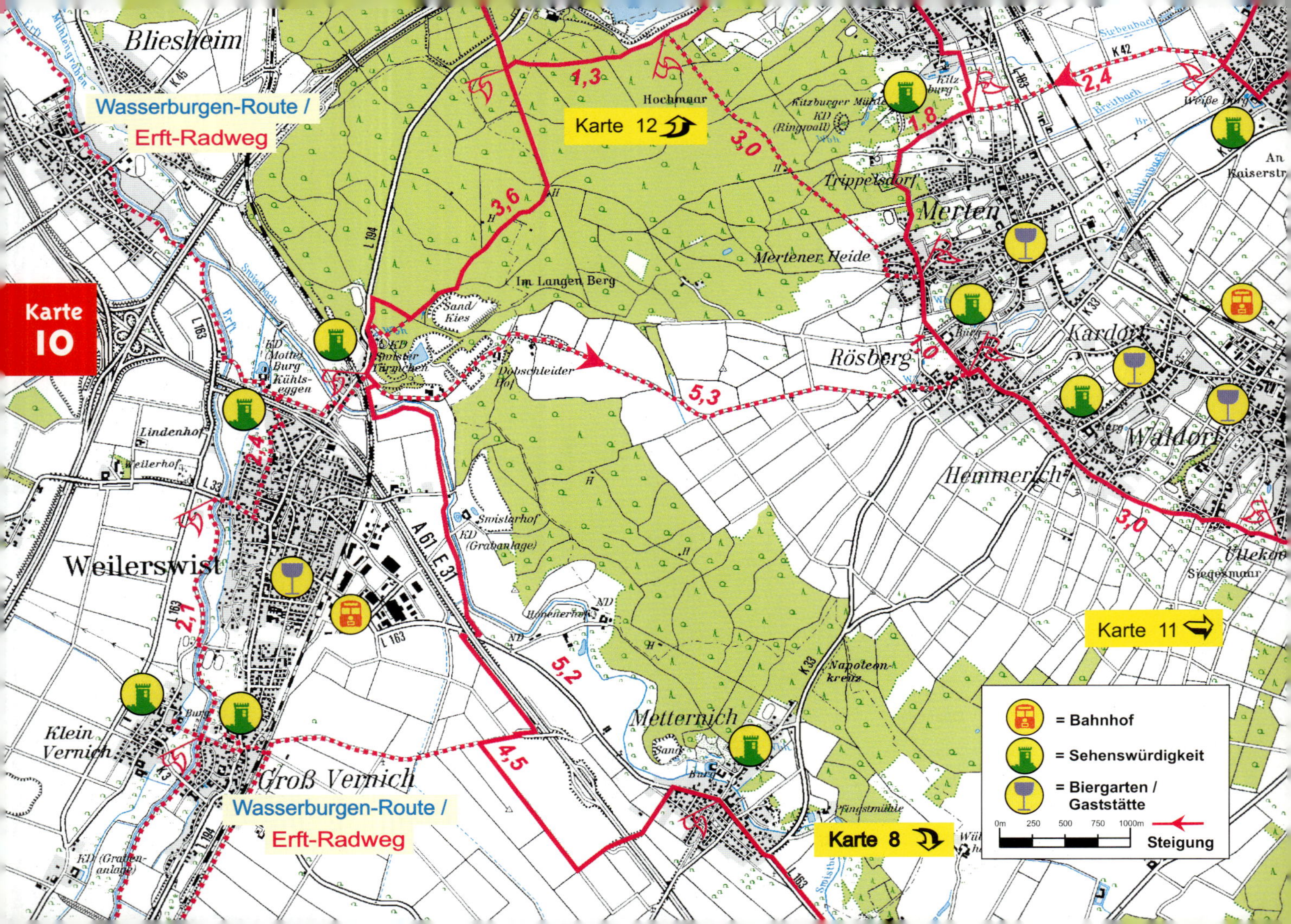

Bliesheim
Wasserburgen-Route /
Erft-Radweg
Karte 10
Karte 12
Hochmaar
Kitzburger Mühle
Trippelsdorf
Merten
Mertener Heide
Im Langen Berg
Sand/ Kies
Dobschleider Hof
Rösberg
Kardorf
Waldorf
Hemmerich
Lindenhof
Weilerhof
Weilerswist
Swisterhof
KD (Grabenanlage)
Metternich
Napoleon-kreuz
Pfingstmühle
Siegesmaar
Klein Vernich
Groß Vernich
Wasserburgen-Route /
Erft-Radweg
Karte 11
Karte 8
1,3
3,6
3,0
2,4
1,8
5,3
1,0
3,0
2,4
2,1
5,2
4,5
= Bahnhof
= Sehenswürdigkeit
= Biergarten / Gaststätte
0m 250 500 750 1000m
Steigung

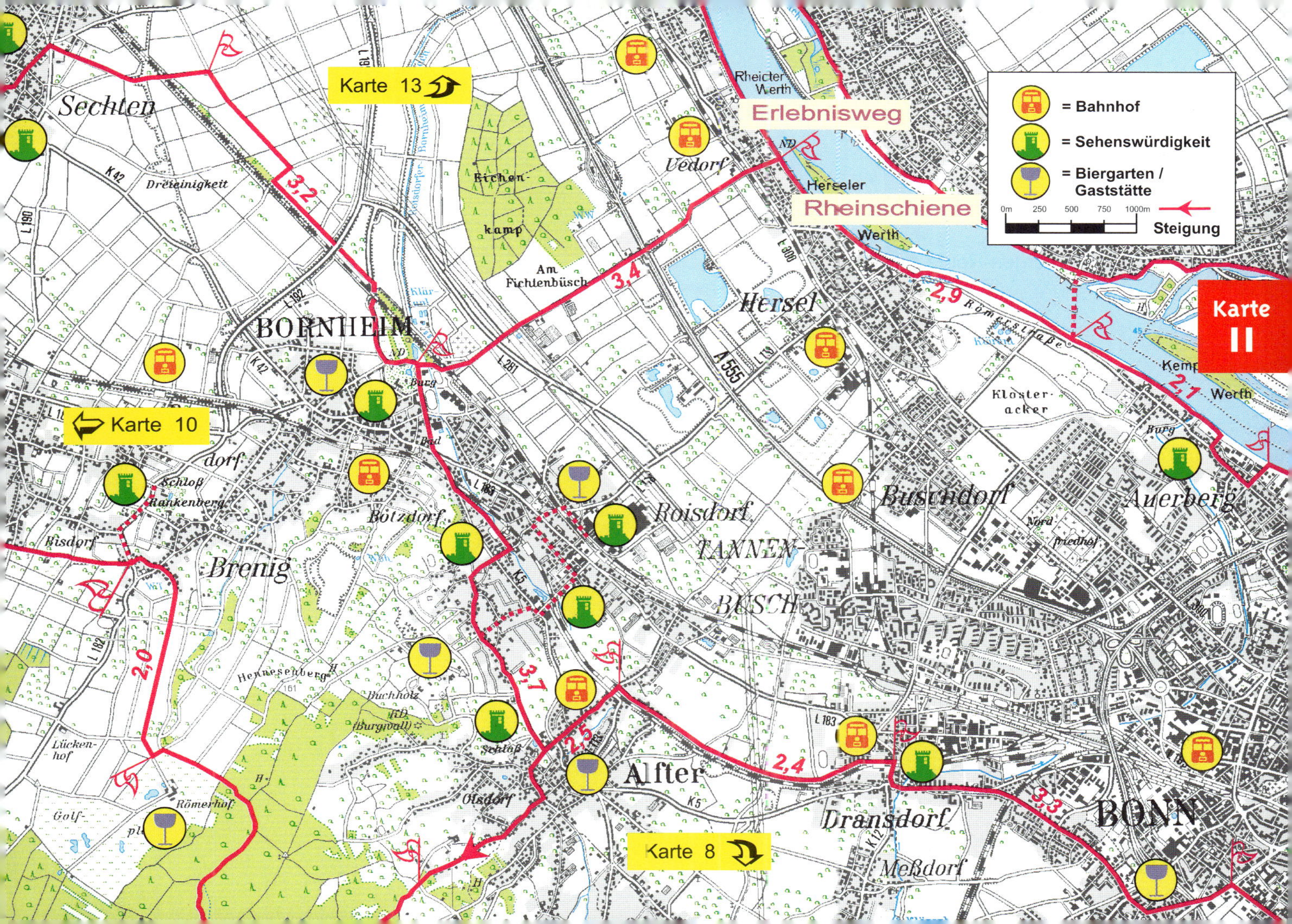
Karte 13
Karte 10
Karte 8
Karte 11
Erlebnisweg
Rheinschiene
= Bahnhof
= Sehenswürdigkeit
= Biergarten / Gaststätte
0m 250 500 750 1000m
Steigung
Sechten
Dreieinigkeit
BORNHEIM
Eichen-kamp
Am Fichtenbüsch
Uedorf
Rheider Werth
Herseler Werth
Hersel
Römerstraße
Kemp Werth
Kloster-acker
Burg
Auerberg
Buschdorf
Roisdorf
TANNEN-BUSCH
Bötzdorf
Schloß Rankenberg
Brenig
Bisdorf
Hennesenberg
Buchholz
Schloß
Alfter
Oldorf
Dransdorf
Meßdorf
BONN
Lückenhof
Römerhof
Golf-platz
3,2
3,4
2,9
2,1
2,0
3,7
2,5
2,4
3,3

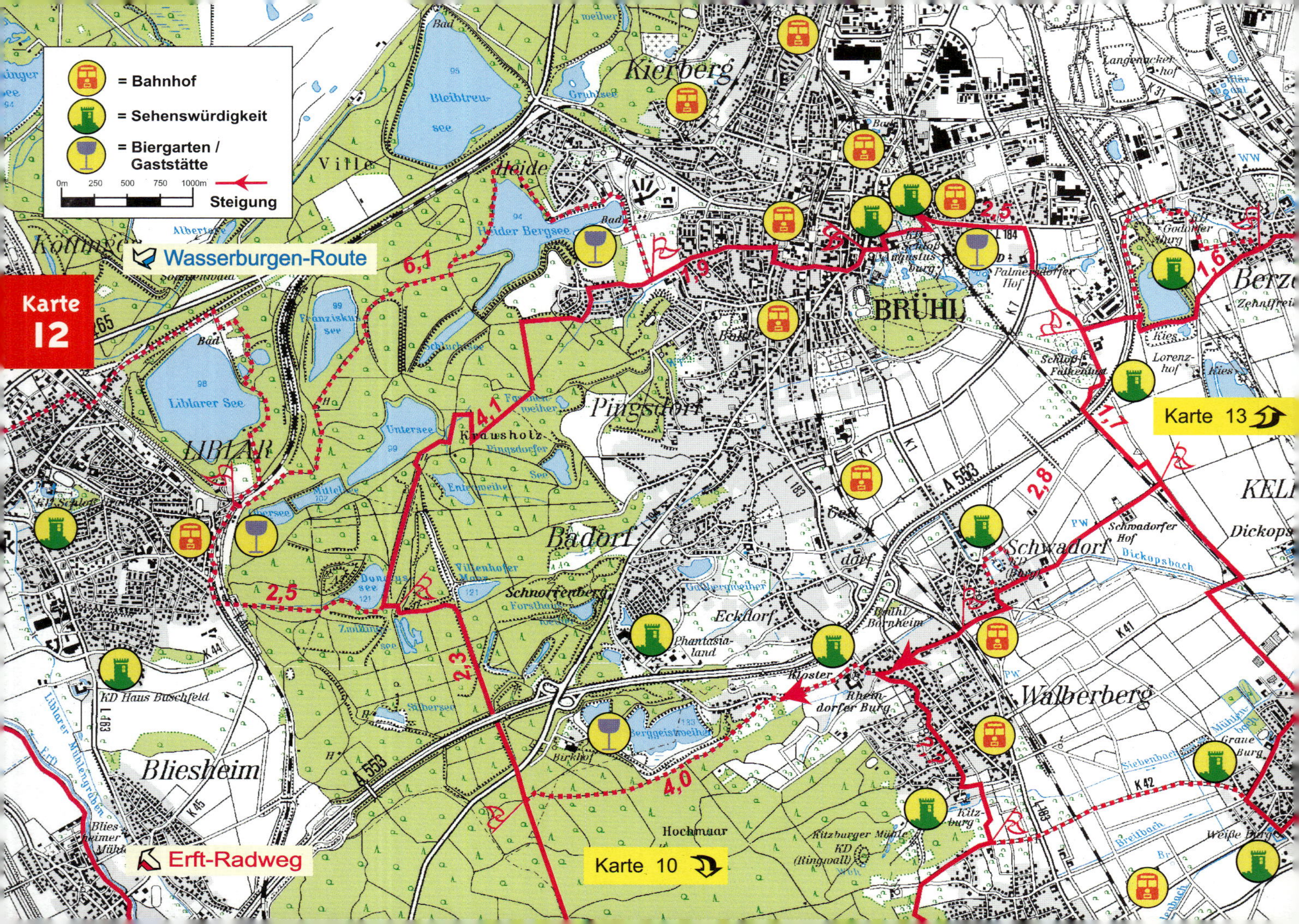
= Bahnhof
= Sehenswürdigkeit
= Biergarten / Gaststätte
0m 250 500 750 1000m
Steigung
Wasserburgen-Route
Karte 12
Karte 13
Karte 10
Erft-Radweg
Kierberg
Bleibtreu-see
Heider Bergsee
Liblarer See
Untersee
Franziskus see
Liblar
Pingsdorf
Brühl
Badorf
Schwadorf
Walberberg
Eckdorf
Bliesheim
Berzdorf
Phantasia-land
KD Haus Buschfeld
Schnorrenberg
Hochmaar
Kitzburger Mühle KD (Ringwall)
Palmersdorfer Hof
Schloss Falkenlust
Gymnicher Burg
Weiße Burg
Graue Burg
6,1
1,9
2,5
4,1
2,5
2,3
4,0
2,8
1,7
1,6

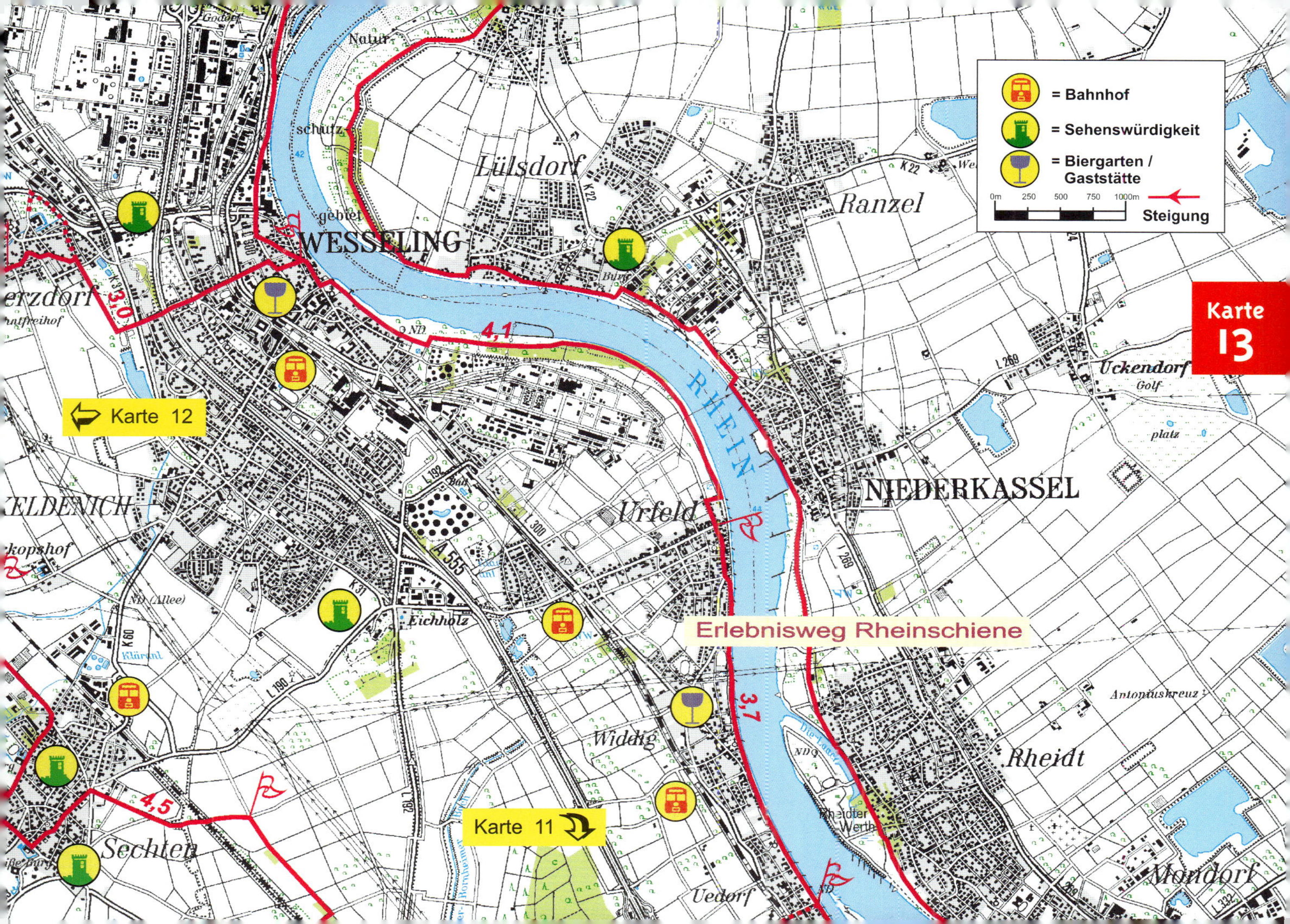
= Bahnhof
= Sehenswürdigkeit
= Biergarten / Gaststätte
0m 250 500 750 1000m
Steigung
Karte 13
Karte 12
Karte 11
Erlebnisweg Rheinschiene
WESSELING
NIEDERKASSEL
Lülsdorf
Ranzel
Uckendorf
Urfeld
Eichholz
Widdig
Rheidt
Sechten
Uedorf
Mondorf
RHEIN
4,1
3,0
3,7
4,5

5

Etappe 5 – Von Meckenheim über Bornheim nach Brühl

32 km

Sie gilt als das größte römische Bauwerk nördlich der Alpen, die ***Römische Wasserleitung***. Sie brachte einst frisches Eifelwasser über knapp 100 km von Nettersheim nach Köln. ***Etappe 5*** begleitet dieses imposante und in Teilen noch sichtbare Bauwerk von Meckenheim-Lüftelberg aus durch den Kottenforst und dann entlang des Vorgebirges über Bornheim bis nach Brühl.

Den Bahnhof Kottenforst hinter sich lassend, wird zuerst links abgebogen und nach 400 m rechts auf dem *Jagdweg* weiter gefahren, auf dem Wasserburgen-Routen-Schild als „Alternativer Weg" bezeichnet. Geradeaus geht es weiter auf ***Etappe 4*** zur **Burg Lüftelberg** (s.S. 69). In **Buschhoven** wird bei erster Gelegenheit links in die Straße *Kölnbusch* eingebogen, dann rechts der *Dietkirchen Straße* gefolgt, um dann rechts *Am Burgweiher* an einem Teilstück der **Römischen Wasserleitung** (s.S. 90) und dem Gelände der ehemaligen Buschhovener Burg vorbei zu fahren. Am Ende wird links abgebogen, die *Alte Poststraße* den Hang hinunter, vorbei an der Gaststätte „Zum Römerkanal" mit Biergarten und Blick in einen Schacht der ***Römischen Wasserleitung***. Nach 120 m wird rechts abgebogen. Die *Schmittstraße* führt über die *B 56*.

Auf der anderen Seite geht es rechts neben der kleinen Kapelle bis zum Wald. Hier wird rechts abgebogen, gleich links gibt es einen weiteren sehenswerten Aufschluß des Römerkanals. Am Ende wird links bis zu einem Platz im Wald vorgefahren. Der rechte Weg verläuft nun, an der Forstverwaltung vorbei, ein gutes Stück neben der ehemaligen ***Römischen Wasserleitung*** (s.S. 95) her. An einigen Punkten erklären Hinweistafeln Details des einst größten römischen Bauwerks nördlich der Alpen. An der Wegekreuzung mitten im Wald, der Rastplatz heißt „Eiserner Mann", wird rechts abgebogen, an der folgenden Wegegabelung links gehalten und diesem Weg über die *Breite Allee* hinaus gefolgt. Hier wird die ***Etappe 6*** (s.S. 101) gekreuzt, die links nach **Heimerzheim** und rechts nach **Alfter** führt.

Nach gut 3 km durch den Wald ist das freie Feld wieder erreicht. An der nächsten Kreuzung wird erst links und dann zwei mal rechts abgebogen. Dieser gerade Feldweg macht am Ende eine Linkskurve bis zur *L 182*. Wer hier der Landstraße rechts den Berg hinunter folgt, kommt an **Haus Rankenberg** (s.S. 94) vorbei und kann der Straße weiter nach **Bornheim** und dem Anschluß an die ***Etappe 8*** (s.S. 121) folgen.

Auf dem Rücken der Ville, dem Vorgebirge, führt der *Heerweg* nun mehr oder weniger immer geradeaus oberhalb von **Waldorf** nach **Hemmerich**. Dort kreuzt die *Jennerstraße* in Richtung **Kardorf**, die rechts direkt zu der 1945 zerstörten **Burg Hemmerich** (s.S. 97) führt.

Abzweig nach Weilerswist und Anschluß an *Etappe 2*

Wer an der Kreuzung in Merten statt rechts in Richtung Merten auf der Straße weiter gerade aus fährt, kommt nach gut 5 km nach Weilerswist und hat damit Anschluß an ***Etappe 2*** (s.S. 29) und die Möglichkeit zur Weiterfahrt entlang der Erft (s.S. 34, 42).

5

Stadt Bornheim

Die Stadt Bornheim mit ihren 14 Ortsteilen zeichnet sich durch ein mildes Klima am geschützten Süd-Ost-Hang des Vorgebirges aus, wo intensiver Obst-, Blumen- und Gemüseanbau das Bild der Landschaft bestimmen. Schon die alten Römer wussten die Vorzüge dieser Landschaft zu schätzen, denn sie errichteten ihre Villen vorzugsweise an den Hängen des Vorgebirges. Noch heute stößt man auf Bodenfunde aus jener Zeit.

Die wechselvolle Geschichte der Stadt hat ihre Spuren hinterlassen. Zahlreiche Burgen, Schlösser (in Privatbesitz) und Klöster zeugen vom feudalen Glanz verflossener Zeiten, z.B die Burg Bornheim mit Parkanlage, Haus Rankenberg in Brenig, die Burgruine Hemmerich, die restaurierte Burganlage Rösberg, die Wolfsburg in Roisdorf, die Kitzburg in Walberberg, sowie die Weiße und die Graue Burg in Sechtem.

Es lohnt sich, auch die zahlreichen Kirchen, u.a. in Waldorf mit Barockgemälden und gotischem Vesperbild, zu besuchen. Ein Gang zum alten Bergfriedhof in Merten mit romanischen Chörchen und einer Gedächtniskapelle sowie ein Besuch der letzten Ruhestätte des Literaturnobelpreisträgers Heinrich Böll sollte auf Ihrem Programm stehen.

Bornheim ist sowohl ein Wohnort mit Tradition als auch eine aufstrebende moderne Stadt. Landwirtschaft, Handel und Gewerbe prägen das Bild der Region. Die unmittelbare Anbindung der Stadt über das Bundesfernstraßennetz (hier insbesondere die A 555 mit der neuen Anschlussstelle Bornheim/Rheinland, sowie die A 553 Brühl/Bornheim) sorgen für eine rasche Verbindung zu den benachbarten Städten Köln und Bonn. Bedeutende Unternehmen haben diesen Standortvorteil erkannt und sich in den ausgewiesenen Gewerbegebieten angesiedelt.

Ein umfangreiches Freizeit- und Erholungsangebot, sowie Wohnen im Grünen machen die Stadt Bornheim zu einem attraktiven Anziehungspunkt der Region. Zahlreiche Sportstätten (Hallenfreizeitbad mit Freibadbereich, Golfanlage, Modellflugplatz, Squash- und Badmintonanlagen, Tennishalle und Freiplätze, Reitanlagen) bieten vielfältige Freizeitmöglichkeiten.

Bornheim steht für:
Schöne Landschaft, ... bewaldete Höhen des Vorgebirges und den Rhein, ... Obst- und Gemüsekulturen, ... wunderschöne Farbenpracht während der Baumblüte, ... kulinarische Köstlichkeiten, ... Bornheimer Spargel und den hiesigen Brombeerwein

Stadt Bornheim • Rathausstr. 2 • 53332 Bornheim • Telefon: 0 22 22 / 94 50 • www.bornheim.de

Weiterfahrt zur Grauen und Weißen Burg

Wer an der Wegekreuzung neben dem allein stehenden Haus weiter geradeaus fahren will, kommt in **Sechtem** zur **Grauen** und **Weißen Burg** (s.S. 127) und hat damit Anschluß an ***Etappe 8*** (s.S. 121).

Weiter auf der *Rösberger Straße* muß nach gut 1 km in **Rösberg** kurz links und anschließend rechts abgebogen werden.

Die *Von-Weichs-Straße* führt nach 1 km geradeaus, direkt an der zu einer modernen Wohnanlage umgebauten **Burg Rösberg** (s.S. 98) vorbei, durch den oberen Teil des Ortes Merten. An den beiden kurz hintereinander liegenden Kreuzungen wird weiter geradeaus gefahren. Es geht dann in den Wald hinein und am Ende der Straße führt die hintere rechte Straße den *Schneeberg* hinunter zu einer weiteren Kreuzung.

Auf dem Weg nach **Brühl** muß hier links abgebogen werden. Der nicht asphaltierte Weg führt unterhalb der rot angestrichenen **Kitzburg** (s.S. 99) vorbei bis zum *Franz-von-Kempis-Weg*. Hier geht es links und an der folgenden Kreuzung rechts weiter. Die *Kitzburger Straße* führt später auf der *Walburgisstraße*, dann der *Oberstraße* und schließlich der *Enggasse* durch **Walberberg** bis zur *Hohlgasse*.

Geradeaus und dann noch ein Stück links hinauf liegt das **Dominikanerkloster**, auch **Rheindorfer Burg** genannt. Hier führt die ***Etappe 2*** (s.S. 29) ***Wasserburgenroute*** nach Brühl. Schräg rechts aber geht es von der *Hohlgasse* den Berg hinunter, auf der *Dominikanerstraße* dann über die *L 183* bis zur Haltestelle Brühl-Schwadorf. Nach überqueren der Gleise wird erst links und dann rechts in den *Flechtenweg* eingebogen. Am Ende geht es scharf links weiter. Die *Sechtemer Straße* mündet in die Straße *An der Schallenburg* und an deren Ende führt rechts ein Weg am Burggelände entlang. Nach einem weiteren Rechtsabbiegen bietet sich der beste Blick auf die **Schallenburg** (s.S. 27). An der *Weiherhofstraße* geht es dann links weiter zu den Brühler Schlössern. An der folgenden Gabelung führt der linke Weg geradeaus über die Bahngleise. Anschließend wird links und nach weiteren 300 m nochmals links abgebogen und dem Weg neben den Gleisen gefolgt. Hinter der Autobahnunterquerung ist es dann nur noch ein kleines Stück bis zum Jagdschloß **Falkenlust** (s.S. 35). Am Ende des Parks kommt von rechts die ***Etappe 1***, die zum Brühler **Schloß Augustusburg** (s.S. 33) und dem Endpunkt auch dieser ***Etappe 5*** führt (weitere Wegbeschreibung s.S. 17, ***Etappe 1***).

Römische Wasserleitung in Walberberg

An der Schule im Ort ist ein Stück der ***Römischen Wasserleitung*** zu sehen. Auch die Fundamente der Kirche St. Walburgis bestehen zum großen Teil aus Abbruchmaterial der einstigen Wasserleitung. Und bei der Stützmauer zur Hauptstraße des Grundstückes Frongasse 50 läßt sich am römischen Gussbeton sogar noch der ehemalige rote Innenputz erkennen (Aufschluß 59 des Römerkanal-Wanderweges) (s.S. 95).

5

5

Haus Rankenberg

Vom malerisch in einem Landschaftspark am Osthang der Ville gelegenen Haus Rankenberg bietet sich ein weiter Blick ins Rheintal, der Grund für die Erbauung des Hauses an dieser Stelle gewesen sein mag, heute aber durch die Zersiedlung und Industrialisierung der Landschaft keine Verlockung mehr darstellt. Der mittelalterliche Hof an dieser Stelle, zur Burg Bornheim gehörig, war auch keineswegs der Aussicht geweiht, sondern der Pflege der Weingärten. Der Pachthof wurde 1808 verkauft und gelangte 1860 in den Besitz der Familie von Kempis, der Rankenberg noch heute gehört. Die Herren von Kempis entstammen einer alten Köln-Bonner Patrizierfamilie, die 1569 in den Adelsstand erhoben wurde, zwischen Köln und Bonn reich begütert war und hohe Ämter in kurfürstlichen Diensten innehatte. 1869 ließ Philipp von Kempis anstelle der alten Hofgebäude eine barocke Villa errichten, die allerdings schon 1898 einem vollständigen Neubau weichen mußte. Dessen Gestalt hat mit rheinischem Schloßbau nur mehr wenig gemein außer seiner saturierten Proportion und privilegierten Alleinlage, denn die durch Turm, Erker und vielfach gebrochenes Mansarddach erzielte Bewegung des an sich klaren kubischen Baukörpers dient einer historisierenden Romantik, die im gleichzeitigen bürgerlichen Villenbau üblich war und den Eindruck einer langen Baugeschichte hervorrufen sollte. Die gewaltige geschweifte Haube des Turmes nimmt allerdings Formen rheinischer barocker Adelssitze auf und erhebt das ganze Haus auf ein herrschaftliches Niveau, dem sich die Familie von Kempis in Erhaltung und Pflege gewachsen zeigt.

Die Römische Wasserleitung

Über Geschmack lässt sich bekanntlich streiten, aber die Römer am Rhein liebten kalkhaltiges Wasser, so wie es in der Eifel vorkommt. Deshalb bauten sie, obwohl ergiebige Quellen durchaus schon in der Voreifel zu finden gewesen wären, einen fast 100 km langen Kanal, der das antike Köln täglich mit 20 Millionen Liter Wasser versorgte. Das Wasser aus dem Urfttal bei Nettersheim, der Sötenicher Kalkmulde, wurde im „Grünen Pütz" gesammelt und dann meist unterirdisch, und damit frostsicher, als reine Gefälleleitung am Eifelrand bis Rheinbach geführt. Das Swisttal wurde mit einem 1400 m langen, aus knapp 300 Bögen bestehendem und bis zu 11 m hohem Aquädukt überwunden, das zwischen Lüftelberg und Buschhofen den Vorgebirgsrücken erreichte. Von hier ging es dann weiter über Brühl bis ins antike Köln.

Zwischen 260 und 280 n. Chr. zerstörten die Germanen einige Teilstücke, so daß die Wasserleitung aus der Antike unbrauchbar wurde. Damit wandelte sich das Bauwerk zum Steinbruch, denn die benutzten Quader, einschließlich der harten Betonschale, waren im Mittelalter beliebter Baustoff. Nahezu jede Burg, Kirche oder jedes Kloster entlang der Wasserleitung fußt auf Römersteinen, so auch die Burg Münchhausen oder die Rheinbacher Burg einschließlich der alten Stadttürme. Auch die Kalk-Ablagerungen im Kanal waren überaus begehrt. Die

Deckplatte des Sarkophags der Heiligen Lüfthildis besteht ebenso aus diesem „künstlichen" Eifel-Marmor wie viele Säulen in zahlreichen Kirchen von Bad Münstereifel, Köln oder Paderborn und Helmstedt. Auch im Hildesheimer Dom wurde der in der Leitung abgelagerte Kanalsinter zur Verschönerung genutzt. Albrecht Dürer berichtet, auf seiner Reise nach Amsterdam Säulen aus „Gossenstein" gesehen zu haben.
Teilstücke dieser Leitung sind unter anderem im Rheinbacher Stadtzentrum, vor dem Bornheimer Rathaus und am Buschhovener Burgweiher zu bewundern. Im Biergarten des Gasthauses „Zum Römerkanal" ist auch noch ein Einstiegsschacht in das Wasserbauwerk vorhanden. Der Eifelverein hat vor über 15 Jahren den Weg entlang der ***Römischen Wasserleitung*** ausgeschildert und mit Informationstafeln versehen. (Der archäologische Wanderführer „Der Römerkanal-Wanderweg" von Klaus Grewe ist im Buchhandel erhältlich).

Grafschafter Goldsaft

Auf einem 313 m hohen Basaltkegel, nicht fern von Meckenheim, thronen die Reste der 1000 Jahre alten Tomburg über dem Swisttal. Jeder der im Meckenheimer Ländchen, der Goldenen Meile, seinen Obstplantagen und Zuckerrübenfeldern mit dem Auto, zu Fuß oder dem Rad unterwegs ist, sieht sie, jeder kennt sie und kaum einer, der sie nicht schon in der Hand gehalten hätte – zumindest ein Bild der Burg. Denn sie ist das Markenzeichen eines Meckenheimer Traditionsunternehmens – der Grafschafter Krautfabrik. Weltweit bekannt durch den „Grafschafter Goldsaft", ein pechschwarzer und doch süßer Zuckerrübensirup, ohne den der echte Rheinische Sauerbraten kaum denkbar wäre. Seit nunmehr über 100 Jahren wirbt der gelbe Goldsaft-Becher für das Familienunternehmen.

Dabei hatte alles ganz anders begonnen. 1893 erbaut der Landwirt Josef Schmitz in Meckenheim eine Feldbrandziegelei. Wenige Jahre später, um 1900, nahm er quasi als weitere Nebentätigkeit zur bestehenden Landwirtschaft die Herstellung von Zuckerrübensirup auf. Was hierzulande einfach Rübenkraut genannt wird, machte in den 60er Jahren dann über drei Viertel des Firmenumsatzes aus. Nicht vergessen werden sollte die Tatsache, dass die Grafschafter Krautfabrik mit ihrer Ziegelproduktion nach dem Kriegsende ganz wesentlich am Wiederaufbau der Stadt Meckenheim beteiligt war.

Heute umfasst die Produktpalette neben dem „Grafschafter Goldsaft" auch Apfel- und Birnenschmaus, Lütticher Delikatesse, Hellen Sirup und Invertzuckercreme (Kunsthonig). Und der traditionelle Brotaufstrich findet sich seit langem zur Geschmacksabrundung in Hustensaft, Lakritz- oder Bonbonartikeln wieder und ist darüber hinaus ein natürlicher Farbgeber in dunklen Brotsorten. Auch für die Herstellung von Ketchup- und Wurstwaren wird er gerne verwendet.

Das eisen- und magnesiumhaltige „Schwarze Gold" ist und bleibt aber die leckere und mineralstoffreiche Alternative zur Frühstückskonfitüre. Denn das enthaltene Eisen spielt eine wichtige Rolle beim Sauerstofftransport im menschlichen Stoffwechsel. So ist das, was auf den Feldern rund um Meckenheim heranwächst, ein echter Muntermacher, denn schon der Verzehr von 100 g Sirup deckt 93 % des Tagesbedarfs an Eisen. Der „Grafschafter Goldsaft" sorgt somit für den guten Start in den Tag.

Weitere Infos zum Unternehmen, z. B. zur Herstellung von Zuckerrübensirup und viele tolle Rezepte finden sie unter www.grafschafter.de

Burg Hemmerich

Die traurige Ruine auf der Ostkante der Ville ist durchaus kein Ergebnis des letzten Krieges, sondern die Folge eines Brandes im August 1945. Die Zeitläufte ließen einen Wiederaufbau nicht zu, und die Zukunft ist fraglich. Dennoch ging das Leben weiter, anfangs in den ehemaligen Vorburg- und Ökonomiegebäuden. Die Anfänge der Burg Hemmerich und ihrer Besitzer verlieren sich in der Geschichte. Die Nähe zur Kirche legt den Gedanken an einen grundherrlichen Hof mit Eigenkirche schon in fränkischer Zeit nahe, aber erst mit den Herren von Hemberg werden Burg und Ortsadelsgeschlecht im 12. Jh. faßbar. Sie waren von Anfang an Ministeriale des Erzstiftes. 1392 erhielten die von Hemberg das kurkölnische Erbkämmereramt, eines der vier höchsten Ämter am Hof des Erzbischofs, das sie bis 1520 innehatten. Dann erhielten Amt und Burg ihre Erben, die Herren von Velbrück zu Metternich. Über zwei Töchter ging das Erbkämmereramt 1620 an die Raitz von Frentz und Burg Hemmerich schon 1611 an Gumprecht von Gevertzan. Sein Enkel mußte wegen Steuerschulden den landtagsfähigen Rittersitz 1677 an Johann von Francken-Siersdorff verkaufen. Über die Amtmannsfamilie Rensing kamen Burg und Ländereien 1705 durch Heirat an Caspar Freiherr von und zum Pütz aus einer Kölner Patrizierfamilie, die 1606 in den Reichsadelsstand erhoben worden war. Caspar starb schon 1729, und seine junge Witwe baute die elterliche Burg zum barocken Landsitz aus, zu welchem Zwecke sie einige Ländereien verkaufte. Die dreiflügelige Vorburg, an deren Nordwestecke schräg das alte Burghaus mit zwei kleinen Zwingertürmen lag, wurde von Grund auf neu gebaut und mit verschiedenen eigenwilligen Lösungen aufgewertet. So wurde die ehemals offene Straßenfront durch einen eingeschossigen Flachbau mit Tordurchfahrt und bekrönendem Pavillon geschlossen, was die Zweiteiligkeit des Rittersitzes optisch aufhob, denn auch die ehemalige Grabenumwehrung verschwand bis auf einen Teich vor dem Herrenhaus. Die Ökonomiegebäude wurden als einfache Zweckbauten aufgeführt. Vor der Hofseite des Herrenhauses entstand eine Terrasse auf dem gleichen Niveau wie die Terrasse auf dem Torflügel, so daß das Haus wie auf ein Podest mit Freitreppe gehoben schien. Diese Wirkung war durchaus beabsichtigt, denn es war neben den barock überformten Türmchen an der Straßenfront die einzige herrschaftliche Attitüde des ansonsten schlichten, aber großen neuen Herrenhauses. Umfangreiche Gartenanlagen verstärkten den Eindruck großbürgerlicher Saturiertheit, die dennoch nicht das wahre Vermögen der Familie zur Schau stellte, sondern dem neuadeligen Status gemäß vergleichsweise bescheiden auftrat. Das änderte sich unter den Freiherren von Nordeck zu Nordeck, die seit 1825 bis heute auf Hemmerich ansässig sind und ausweislich ihres Wappens auf eine Burgmannenfamilie in Melsungen zurückgehen. Sie gaben dem Herrenhaus nach einem Brand 1869 eine weit aufwendigere und „historischere" Erscheinung, indem sie es – wohl vom Architekten Graf Moerner – mit einer spitz aufragenden Dachlandschaft und aufgestockten Türmen in den Formen der französischen Spätrenaissance überhöhten und diverse Schmuckformen hinzufügten. Gegen Ende des zweiten Weltkrieges erlitt die Burg mehrere militärische Einquartierungen, wurde immer wieder ausgeplündert und ging schließlich in einem Brand unter, dessen Ursache nie ermittelt wurde. Heute wohnt die Familie des Besitzers in einem Neubau im Park.

5

Kitzburg

Die idyllisch am Osthang der Ville in einem kleinen Tal gelegene Kitzburg scheint sich seit Jahrhunderten nicht verändert zu haben. Seit dem 14. Jh. war sie der burgartige Dienstsitz eines kurkölnischen Verwaltungsbeamten, der sie als Brühler Burglehen vom Erzbischof zu Lehen trug und in Brühl Amtmann oder Kellner war. Die Amtmänner wurden hier nicht seßhaft, und die Namen wechselten schnell. Immer aber waren es Adelige aus der kurkölnischen Ritterschaft, bis 1550 das Gut als lehensfreier Eigenbesitz an die Herren von Wolfskehl verkauft wurde. Von diesen erwarb es 1671 der Straßburger Bischof Graf Franz Egon von Fürstenberg, dessen Bruder ab 1682 kurzfristig als Erzbischof von Köln regierte. Die neu erbaute Kitzburg kauften 1682 die Herren von Quentel, 1757 erbte die Familie von Becker, 1789 von Groote, 1905 von Kempis. 1979 erbte die Kitzburg Dr. Franz Freiherr von Canstein.

Der Fürstenberg-Bau ist noch nahezu durchgängig erhalten, samt der eindrucksvollen barocken Gartenanlagen. Er zeigt in Konzept und Ausführung, daß sein Bauherr kein rheinischer Adeliger war. Statt eines standesgemäßen zweiteiligen Rittersitzes steht hier nämlich eine sehr italienisch anmutende Villa mit zur Seite verlagerten Nebengebäuden. Der kubische Bau mit einfachen Satteldächern und Giebeln wirkt durch seine Proportionen und seine Einbindung in den formalen Garten, dessen Mittelachse durch die große Erdgeschoßhalle verläuft. Die rechteckige Herrenhausinsel ist von einem Wassergraben als Reminiszenz an den mittelalterlichen Vorgänger umgeben und von vier Eckpavillons akzentuiert. Der Charakter eines vornehmen Landsitzes wird bis heute gepflegt.

Schloß Roesberg

Unter den rheinischen Adelssitzen ist Schloß Roesberg in mehrfacher Hinsicht eine Ausnahmeerscheinung. Zum einen ist es ein vollständiger Neubau des 18. Jh. ohne Einbeziehung irgendwelcher Altbausubstanz, zum anderen liegt es abseits der Vorgängerburg an landschaftlich ausgesuchter Stelle, hoch auf der Ostkante der Ville mit weitem Blick über das Rheintal. Die Eingangsseite mit großzügigem Vorhof geht nach Westen auf das Hochplateau, was mit Beruf und Passion des Bauherrn harmoniert, der als Erboberjägermeister von Kurköln von hier aus große Jagden auch für den fürstlichen Hof ausrichtete. Ausgangsort der kurkölnischen Unterherrschaft Roesberg war eine Burg an der durch das Dorf führenden Straße nach Aachen, die ursprünglich den Grafen von Are gehörte, dann den Grafen von Neuenahr, die hier 1194 einen illegalen Wegezoll erhoben und folgerichtig später zum Raubrittertum übergingen, weswegen die Burg 1371 zerstört wurde. Danach übernahm der Erzbischof die Landeshoheit über Roesberg, dessen Burg wieder aufgebaut wurde. Im Kölnischen Krieg, den die Neuenahrer auf der Verliererseite mitmachten, wurde die Burg erneut zerstört und blieb Ruine. Der neue Erzbischof nahm den Neuenahrern das Lehen ab. 1623 kaufte der kölnische Kämmerer und Jägermeister Gaudenz von Weichs die Herrschaft Roesberg, mit der ihn Kurfürst Ferdinand 1629 belehnte. Die Weichs waren mit dem Kurfürsten aus Bayern gekommen und sind bis heute im Rheinland und in Westfalen ansässig. Ferdinand Joseph Freiherr von Weichs, Geheimrat, Obristjägermeister und Amtmann im Dienst des Kurfürsten Clemens August, ließ sich ab 1731 vom kurfürstlichen Hofbaumeister Johann Conrad Schlaun das neue Schloß erbauen. Schlaun, der auch für den Neubau des Schlosses in Brühl verantwortlich gewesen war, führte in Roesberg eine für das Rheinland ganz ungewöhnliche Schloßanlage auf, deren Hauptbau ein freistehendes Herrenhaus in Art einer Maison de Plaisance war, zweigeschossig, mit hohem Mansarddach und einer charakteristischen „Disposition" der Innenräume. Um eine mittlere Verkehrsachse mit Vestibül und Gartensaal, der nach außen in einem deutlichen Risalit hervortritt, gruppieren sich seitliche Appartements aus Salons und Nebenräumen, das sogenannte Appartement Double. Alles ist auf höchsten Komfort bei gleichzeitig rationaler Wirtschaftlichkeit ausgelegt. Der Schlaunsche Stil zeigt sich in den feinen Wandschichtungen und den abgerundeten Ecken, roten Wandflächen und aufgeputzten hellen Gliederungen. Alles bleibt relativ schlicht und vermeidet so jede Konkurrenz zu den fürstlichen Schlössern. Der Cour d'honneur vor dem Herrenhaus wird von zwei sich dreiflügelig gegenüberliegenden Wirtschaftsbauten umgrenzt und durch eine elegante Portalarchitektur abgeschlossen, neben denen zwei tiefe Wasserbecken an den feudalen Ursprung, die Wasserburg, erinnern. 1833 brannte die prächtige Anlage aus und wurde, das Herrenhaus um ein Stockwerk erhöht, wieder aufgebaut. Unter dem letzten der Familie, Generalfeldmarschall Maximilian Freiherr von Weichs, wurde das Schloß 1941 durch einen Luftangriff bis auf die Außenmauern zerstört. Vor einigen Jahren ging das Schloß in den Besitz eines Kölner Architekten über, der es zu einer modernen Wohnanlage ausbaute.

5

6

Etappe 6 – Von Heimerzheim über Alfter nach Bonn

23 km

Den Kölner Kürfürsten war er ein reines Vergnügen - der Kottenforst. Viele Wege, wie auch die Verbindung von Heimerzheim über den Villerücken nach Alfter waren nur für die Jagd angelegt worden. Die langen geraden Alleen durch den Wald, die ursprünglich alle vom Jagdschloß in Röttgen ausgingen, sind heute gern frequentierte Wander- und Radwege. Auf dem abschließenden Teilstück nach Bonn geht es durch die Ortschaften Alfter, Dransdorf, Endenich und Poppelsdorf zum Rhein.

Der Weg über den Villerücken beginnt an der **Burg Heimerzheim** (s.S. 39). Zuerst wird die *Kölner Straße* überquert und rechts dem Radweg gefolgt. Der führt in einer leichten Rechtskurve bis zum *Höhenring*. Hier wird links abgebogen und der wenig später abknickenden Straße bis zu einer großen Kreuzung gefolgt.

Hier zweigt rechts die *Bornheimer Straße* ab, die in den Kottenforst führt. Die Kaserne des Bundesgrenzschutzes bleibt rechts liegen bis im Wald an der großen Wegekreuzung rechts auf die *Breite Allee* eingebogen wird. Nach 1,5 km wird die ***Etappe 5*** (s.S. 91) gekreuzt, die der ***Römischen Wasserleitung*** folgt (s.S. 95). Nach weiteren 200 m besteht an der Wegekreuzung links die Möglichkeit, direkt nach Alfter abzubiegen. Wer auf der *Breiten Allee* weiter fährt, kommt nach gut 2 km an einer Schutzhütte vorbei. Der Weg weiter geradeaus macht dann einen leichten Linksknick, anschließend geht es bergab und aus dem Wald heraus. An der Kreuzung in **Nettekoven** wird links auf die Straße *In der Asbach* abgebogen.

2,5 km Abzweig zum Bahnhof Witterschlick und Weiterfahrt zum Bahnhof Kottenforst

Aus dem Kottenforst kommend wird in **Nettekoven** an der Straße *In der Asbach* rechts nach **Ramelshoven** abgebogen. Die Straße *Am Burggarten* führt über die *B 56*, die in der Verlängerung als *Ramelshovener Straße* zur *Hauptstraße* in **Witterschlick** führt. Hier wird rechts abgebogen und bei nächster Gelegenheit links der *Servaisstraße* zum **Bahnhof Witterschlick** gefolgt. Von hier aus besteht dann geradeaus über *Herbstbenden* und dann rechts immer geradeaus auf der *Heerstraße* und in **Heidgen** auf dem anschließenden *Grünen Weg* Anschluß an den **Bahnhof Kottenforst** und an ***Etappe 5*** (s.S. 91)

Die Straße *In der Asbach* führt auf dem Weg nach **Alfter** nun entlang von *Auf dem Goldberg*, *Am Herkenbusch* und *Lehmkauler Weg* durch **Impekoven** bis zur *Kirchstraße*. Von dieser zweigt links die *Prinzgasse* ab, die zur *Alfterer Straße* führt. Hier wird scharf links in den *Schlebendgesweg* ab- und bei nächster Gelegenheit scharf rechts in die *Mirbachstraße* eingebogen. Dieser folgt am Ende die *Knipsgasse*, und diese zweigt am *Hertersplatz* rechts ab und führt am **Alfterer Schlosses** (s.S. 105), in der sich die Alanus-Hochschule für Kunst und Gesellschaft befindet, vorbei.

Auf dem Weg nach Bonn wird geradeaus der *Bahnhofsstraße* gefolgt, dann werden die Gleise am Bahnhof überquert. Nun geht es rechts *Am Bähnchen* weiter bis nach 2,4 km, nun bereits im Bonner Ortsteil Dransdorf, die Gleise hinter der S-Bahn-Station erneut überquert werden.

6

Gemeinde Swisttal

Die Swist ist Namensgeber für die Flächengemeinde, die 1969 durch die kommunale Gebietsreform aus den ehemals selbstständigen Gemeinden Buschhoven, Dünstekoven, Heimerzheim, Odendorf, Ollheim, Miel, Morenhoven, Essig, Ludendorf und Strassfeld entstand.

Bereits vor der Französischen Revolution (1794), die hier im Linksrheinischen politische und verwaltungsmäßige Änderungen nach sich zog, bildete die Swist teilweise eine natürliche Grenze zwischen den Herrschaften Kurköln, Tomberg und Lommersum, die über Jahrhunderte geistliche und weltliche Obrigkeiten des Gebietes waren.

Zahlreiche Bodenfunde aus vor- und frühgeschichtlicher Zeit sowie mehr als 150 Funde aus der Römerzeit belegen, dass das Gebiet der heutigen Gemeinde ein uraltes Siedlungsgebiet ist. Die „Michelsberger Kultur“, eine Graben-/Wallanlage bei Odendorf (4300-3500 v. Chr.) belegt menschliche Siedlungen bereits für die Steinzeit. Ludendorf, Straßfeld und Morenhoven wurden vor mehr als 1000 Jahren gegründet, Heimerzheim und Ollheim sind älter als 900 Jahre. Der Römerkanal sowie alte Heerstraßen stellen erhaltene Zeugnisse römischer Besiedelung des Gemeindegebietes dar.

Mit der französischen Besetzung wurde 1798 das Rheinland in vier Departements aufgeteilt. Als unterste Verwaltungseinheit entstand auf dem Gebiet die „Mairie d`Ollheim“, in der preußischen Zeit nach 1814 wurde daraus die Bürgermeisterei Ollheim, die als Vorläuferin des späteren Amtes Ludendorf und damit der Gemeinde Swisttal anzusehen ist. In der Folge blieb Sitz der Verwaltung der Ortsteil Ludendorf. Im Jahre 1816 waren insgesamt 3.867 Personen in der Bürgermeisterei Ollheim, die aus elf Dörfern, vier Weilern, zehn Höfen, zehn Kirchen, Bethäusern und Kapellen, 798 Privatwohnhäusern sowie zwölf Mühlen, 20 öffentlichen Gebäuden und 1.162 Scheunen und Ställen bestand, ansässig. Die heutige Gemeinde Swisttal hat auf 62 Quadratkilometer Fläche 18.000 Einwohner und ist in zehn Ortsteile gegliedert.

Die Gemeinde ist landwirtschaftlich geprägt und zugleich ein beliebtes Wohngebiet im Einzugsbereich der großen Städte Bonn und Köln. Der mehr als 1000 Jahre alte Kottenforst und der Wald am Villerücken garantieren als natürlich wirkendes Wasserreservoir ausreichende Bodenfeuchtigkeit für die Landwirtschaft. Hier werden hauptsächlich Getreide und Zuckerrüben, aber auch Obst- und Gemüse angebaut. Der Eindruck einer mit wogenden Getreidefeldern und sattgrünen Wiesen ausgestatteten, von Bachauen durchzogenen weiten Landschaft mit Blick zum Siebengebirge und zu den Höhen der Voreifel wirkt überaus reizvoll. Gesunde Luft und mildes Klima sowie überall gebotene Gastlichkeit sichern einen angenehmen Aufenthalt.

Gemeinde Swisttal • Rathausstraße 115 • 53913 Swisttal-Ludendorf • Tel.: 0 22 55 - 3 09 - 0 • www.swisttal.de

Anschluß zur Wolfsburg und zum Roisdorfer Brunnen in Bornheim-Roisdorf

Am Grundstücksende unterhalb des Alfterer Schlosses zweigt links der *Schloßweg* ab, auf dem es zwischen Feldern nach **Bornheim-Roisdorf** zur Wolfsburg geht. An der Straßengabelung führt rechts die *Annastraße* zur leicht rechts versetzten *Berliner Straße*, der rechts ein kurzes Stück des *Oberdorfer Weges* folgt, dem sich, rechts folgend, die Straße *Ehrental* bis zur *Brunnenstraße* anschließt. Wer hier rechts und anschließend links in die *Brunnenallee* einbiegt, kommt direkt zum **Roisdorfer Brunnen** (s.S. 125). Geradeaus gefahren dagegen zweigt von der *Siegesstraße* links die *Heilgersstraße* ab, die neben dem Roisdorfer Bach zur **Wolfsburg** (s.S. 124) führt. Hier besteht auch Anschluß an ***Etappe 8*** auf dem Weg nach Brühl (s.S. 121)

Nun sind es noch 4 km bis zum **Poppelsdorfer Schloß**. An der großen Straßenkreuzung wird links in die *Siemensstraße* eingebogen, der sich nach knapp 1 km, aber noch vor einer Bahnunterführung die Straße *Auf dem Hügel* anschließt. Diese führt bis zum *Herrmann-Wandersleb-Ring*, der an der Ampel überquert wird. Auf der sich anschließenden *Frohngasse* geht es am **Haus der Springmaus** vorbei, um dann links ein kurzes Stück der *Alfred-Bucherer-Straße* zu folgen, von der links der *Wiesenweg* abzweigt. Der führt über die Autobahn zur *Endenicher Allee*. Nach 300 m geht es rechts auf der Nußalle zwischen zahlreichen Instituten der Bonner Universität vorbei direkt zum Poppelsdorfer Schloß an der *Meckenheimer Allee*. Während auf der anderen Straßenseite gleich der Eingang zum **Botanischen Garten** liegt, muß hier noch einmal links abgebogen werden, um bei nächster Gelegenheit rechts durch ein Tor den Eingang des **Poppelsdorfer Schlosses** (s.S. 23) und damit das Etappenziel zu erreichen.

Weiterfahrt zum Rhein und Anschluß an die Etappe 1

Gleich gegenüber dem Poppelsdorfer Schloß beginnt die *Poppelsdorfer Allee*, der sich nach der Fußgängerunterführung der *Kaiserplatz* mit dem ehemaligen Stadtschloß anschließt, heute Hauptgebäude der Bonner Universität (s.S. 22). Links geht es zum *Münsterplatz*, rechts daneben führt der *Regina-Pacis-Weg* an der Hofgartenwiese vorbei, die während der „Bonner Republik" viele große Demonstrationen erlebt hat. Nach Überqueren der Straße *Belderberg*, links geht es direkt zum Marktplatz und zum Alten Rathaus, sind es nur noch 100 m bis zum **Alten Zoll** am Rhein und zum Anschluß an ***Etappe 1*** (s.S. 15).

Rhein-Voreifel-Touristik e.V.

Was nützt das beste Kultur- und Freizeitangebot, wenn keiner davon weiß. Das mussten sich die sechs Bürgermeister der linksrheinischen Gemeinden Alfter, Bornheim, Meckenheim, Rheinbach, Swisttal und Wachtberg wohl lange Zeit immer wieder sagen lassen. Und in den letzten Jahren reifte die Erkenntnis immer stärker, dass es im gemeinsamen Interesse aller liegt, gegen diesen Mangel vorzugehen. Überzeugt von den Schönheiten und Attraktionen der Region sollten Menschen auch außerhalb der Region sich für Vorgebirge und Kottenforst, für kulturelle Highlights, für Freizeit- und Sportangebote sowie kulinarische Genüsse in jedweder Form interessieren. So gründeten sie 2004 gemeinsam den Verein „Rhein-Voreifel-Touristik e.V.".

6

Der Verein versteht sich als zentraler Ansprechpartner für die touristischen Belange der sechs Kommunen. Zu seinen Hauptaufgaben gehören die Aufbereitung von Angeboten, die Herausgabe und der Versand von Informationsmaterialien, Broschüren etc., die Bewerbung der Region auf Messen und Veranstaltungen, die Vermittlung von Unterkünften und Tagungsmöglichkeiten.

rhein-voreifel-touristik ev

Ein besonderes Angebot ist die „Burgentour - ein Tag in historischen Gemäuern". Die ansonsten für Besucher meist nicht zugänglichen Burgen in Morenhoven, Miel, Lüftelberg, Heimerzheim und Adendorf öffnen ihre Tore, die Burgherren führen persönlich die Gäste durch die prachtvollen Gemäuer.

Weiter Informationen über Buchung und Konditionen erhalten Sie, wie auch alle anderen touristischen Angebote aus Vorgebirge und Voreifel, unter:
Rhein-Voreifel-Touristik e.V.
Rathausstr. 34 • 53343 Wachtberg
Tel.: 02 28 / 95 44 - 1 00 • Fax: 02 28 / 95 44 - 1 72
www.rhein-voreifel-touristik.de

Schloß Alfter

Das eindrucksvoll an einer Hangkante über dem gleichnamigen Ort gelegene Schloß Alfter ist bedeutender, als es der erste Blick ahnen läßt, und älter, als gemeinhin angenommen wird. Es wurde nicht in der Nachfolge einer Ringwallanlage im Alfterer Wald erst nach 1468 gegründet, sondern durch die Ritter von Alfter, die ab 1116 als Kölner Lehensleute auftraten. Die Ringwallanlage „Alte Burg“ dagegen kann durchaus noch aus karolingischer Zeit herrühren und dürfte zur Sicherung des ehemals königlichen Waldes gedient haben, der später in den Besitz des Kölner Kirche überging. Die „neue“ Burg der Herren von Alfter wurde 1188 erstmals erwähnt, und ab 1195 hatten die Herren von Alfter das Amt des Kölner Erbmarschalls inne, das als höchstes adeliges Amt am erzbischöflichen Hofe galt.
Warum dieses Amt ausgerechnet mit einer doch recht kleinen und strategisch unwichtigen Burg zusammenhängt und an ihren Besitz gebunden war, läßt sich aus dem alten Königsbesitz herleiten – und der Bedeutung der örtlichen Verwalter, die ihren Rang bis ins hohe Mittelalter bewahren konnten. Amt und Burg kamen durch Heirat der letzten Erbtochter aus dem Hause Alfter 1435 an Wilhelm von Wevelinghoven, der beides 1445 seinem Schwiegersohn Johann VI. von Salm-Reifferscheidt übertrug. Dessen Nachkommen, zuletzt Fürsten zu Salm-Reifferscheidt-Dyck, waren im Besitz des Schlosses, bis der letzte Fürst im Jahre 1959 starb. Seiner ältesten Tochter, Marie Christine Gräfin von Wolff-Metternich, gehört das Schloß noch heute.
Trotz ihres hohen Amtes hatten die Erbmarschälle häufig Streit mit den Erzbischöfen, und so wurde die Burg erstmals 1468 durch Erzbischof Ruprecht zerstört. aber sofort wiederaufgebaut. Da ihre Besitzer meist auf ihren anderen Burgen lebten, blieb Alfter relativ bescheiden. Dennoch hinterließen Kriegshandlungen von 1507 und 1583 Alfter erneut als Ruine. Die wiederaufgebaute Burg mit Bestandteilen des 12., 15. und 16. Jh. ließ Graf Franz Wilhelm von Salm-Reifferscheidt ab 1719 in ein schlichtes barockes Schloß mit dreiflügeligem Herrenhaus und ebenso dreiflügeligen Vorgebäuden umbauen, dessen Talseite von turmartigen Eckbauten dominiert wird. Die Asymmetrie des Herrenhauses wie der Gesamtanlage weisen auf die Verwendung mittelalterlicher Mauern, die teilweise bis zum Dach reichen. So sind im Südturm und im Südtrakt sogar noch die spätgotischen Dachstühle erhalten, was darauf hinweist, daß man für die barocke Erweiterung vor allem den Ostturm und die Seitenflügel angefügt hat. Daher ist die Innenaufteilung durch die Weiterverwendung älterer Mauern nicht von der erwarteten Stringenz, denn eine logische barocke Raumfolge findet sich nirgends.
Es gibt nur noch wenige schöne barocke Ausstattungsdetails, vor allem die gemalten Veduten in den Lambris des Obergeschosses, die wohl mit der gleichzeitigen Ausstattung des Schosses Dyck durch den Kurkölner Hofmaler Francois Rousseau um 1770 zusammenhängen. Sonst ist wenig von der Aura des gräflich Salmschen Schlosses zu spüren, zumal Mobiliar und die chinesischen Seidentapeten aus dem Saal seit 1964 im Schloß Dyck untergebracht sind, als die letzte Fürstin Alfter als Wohnsitz endgültig aufgab. Reste eines formalen Gartens und zweier Alleen umgeben das Schloß, das kaum mehr als standesgemäßer Sitz des Kölner Erbmarschalls wahrgenommen wird, umso weniger, als der heutige Nutzer, die Alanus-Hochschule, diesem historischen Rang nicht recht standhalten kann.

Naturpark Kottenforst-Ville

Der Naturpark Kottenforst-Ville ist mit über 1000 km das bevorzugte und unverzichtbare Naherholungsgebiet zwischen Rhein und Eifel. Durch die unmittelbare Lage an der dicht besiedelten Rheinschiene mit den Großstädten Köln und Bonn, bietet der Naturpark viele Möglichkeiten, sich zu erholen, Natur- und Kulturlandschaften zu erleben. Sie sind durch Hunderte von Kilometern an Wander- und Radwanderwegen erschlossen. Die großen Waldgebiete des Kottenforstes, des Rheinbacher und Wormersdorfer Waldes, die Altwaldbestände des Königsdorfer Waldes oder auch die Rekultivierungswälder der Ville-Seen-Platte eignen sich besonders für die ruhige, naturbezogene Erholung und für Naturbeobachtungen. Auch die Landwirtschaft lockt durch das jahreszeitlich wechselnde Farbenspiel der Feldfrüchte und Obstbäume viele Besucher ins Vorgebirge und die Börde um Meckenheim, dem größten Obstanbaugebiet in NRW.

Über 50 % des Naturparks werden von Agrarflächen eingenommen, 27 % sind von Wald bedeckt. Kennzeichnend für den Naturpark ist seine Vielfalt an Landschaften wie die Börde, das Vorgebirge, die Rheinebene, die Auenlandschaften von Swist und Erft und die Rekultivierungslandschaften des Braunkohletagebaus. Das Bild dieser Landschaften ist das Ergebnis der jahrhundertelangen Nutzung und Gestaltung der Umwelt durch den Menschen.

Der Naturpark bietet zahlreiche Möglichkeiten zu sportlichen Aktivitäten. Freizeit- und wassersportorientierte Erholungsschwerpunkte sind der Heider Bergsee, der Liblarer See mit Freibad und Campingplatz sowie die Seen „Stöckheimer Hof" bei Pulheim oder der Freizeitpark Rheinbach. Einige Landschaften wie z. B. die Ville-Seen-Platte, der Kottenforst, Königsdorfer Wald oder der Rheinbacher Wald verfügen über ein ausgedehntes Reitwegenetz. Und natürlich bietet der Naturpark Radlern ungezählte Tourenmöglichkeiten, eine landschaftlich attraktive und überaus geschichtsträchtige Region zwischen Erft, Rhein und Eifel kennen zu lernen.

Zweckverband Naturpark Kottenforst-Ville
Willy-Brandt-Platz 1 • 50126 Bergheim
Tel.: 02271/8342-10/-11/-12
www.naturpark-kottenforst-ville.de

Brühl-Bornheimer Blauspargel...

...immer eine Spargellänge voraus!

Das jedenfalls wünschen sich die Gastronomen, Spargelanbauer und Einzelhandelsbetriebe aus den Städten Brühl und Bornheim, die sich gemeinsam für eine stärkere Vermarktung des „Edelgemüses" aus der Region einsetzen.

Dabei kann der Spargel zwischen Brühl und Bornheim auf eine langjährige Tradition zurück blicken. Hohe Jahresmitteltemperaturen und geringe, aber ausreichende Niederschläge lassen die Vegetationsperiode im Vorgebirge deutlich früher beginnen und später enden, als in den benachbarten Regionen. Entscheidend für den hiesigen Spargel ist neben den klimatischen Rahmenbedingungen die Lage auf der Nieder- und Mittelterrasse des urzeitlichen Rheins. Nur hier finden sich im Bereich der Altrheinarme die sandigen Lössböden, die der Spargel für sein Wachstum benötigt und die ihm seinen unvergleichlichen Geschmack verleihen – was auch die Römer der Kolonien Colonia bonnensis (Bonn) und Colonia aggrippina (Köln) zu schätzen wussten. Es ist anzunehmen, dass die Römer den Spargel nicht nur nach Deutschland im allgemeinen, sondern vor allem auch in das klimatisch geschützte südwestliche Gebiet der Köln-Bonner Bucht brachten. Denn dies war ihr Obst- und Gemüsegarten.

BORNHEIMER SPARGEL
www.spargelausbornheim.de

An den klimatischen Bedingungen und an den Bodenverhältnissen hat sich seit jener Zeit kaum was geändert, das Vorgebirge mit seinem großen Angebot an frischem Obst und Gemüse ist inzwischen vom einstigen Versorgungsacker für Legionäre zum „Vorgarten" von ganz Nordrhein-Westfalen aufgestiegen.

Jeder weiß, dass der Spargel überall weiß oder grün ist, aber nur Insider wissen: „Blau" ist er nur in Bornheim. Und das hat seinen Grund, denn der Aktionskünstler Rainer Bonk hat dem Bornheimer Spargel auf seine künstlerische Art eine veränderliche Note gegeben. So entstand der so genannte „Blauspargel". Dieses Kunstobjekt wurde in der ganzen Region mit großem Interesse aufgegriffen. Herausgekommen ist dabei die Idee, die Spargelzeit in Brühl und Bornheim unter ein gemeinsames Motto zu stellen bzw. mit dem blauen Spargel ein saisonales, werbe- und öffentlichkeitswirksames Markenzeichen für die nächsten Jahre dauerhaft zu präsentieren.

Der Vorgarten Nordrhein-Westfalens – Gemüseanbau im Vorgebirge

Mitte des 19. Jh. löste im Vorgebirge der Anbau von Obst und Gemüse den Weinbau ab. Durch das rasante Wachstum der Industrie an Rhein und Ruhr stieg auch die Einwohnerzahl der Städte. Die Menschen brauchten frische Lebensmittel, die Nachfrage nach Obst und Gemüse stieg. Die preußischen Behörden betrieben eine gezielte Politik, um den Bedarf zu decken. Die Weinstöcke wurden gegen Obstbäume ausgetauscht. Wo früher Reben rankten, wächst seitdem Kohlgemüse und Salat. Die Qualität der Böden eignet sich sehr gut für den Anbau von Obst und Gemüse und auch das geschützte Klima trägt seinen Teil dazu bei, dass das Vorgebirge heute der „Vorgarten Nordrhein-Westfalens" ist. Erdbeeren und Spargel gehören zu den saisonalen Spezialitäten dieser Region. Aber auch Äpfel, Porree, Broccoli und Rhabarber werden hier in großen Mengen angebaut. Der Gartenbau im Vorgebirge wurde lange Zeit durch viele kleine Betriebe geprägt. Im 20. Jh. begannen die Erzeuger aufgrund des Konkurrenzdrucks, ihr Obst und Gemüse immer rationeller anzubauen und zu vermarkten. Dieser Trend zu größeren Betriebseinheiten hat in den letzten Jahren im Zeichen der Globalisierung einen neuen Schub erhalten.

Die Herkunft der frischen Ware „aus der Region für die Region" muss jedoch jederzeit deutlich bleiben. Deswegen werben große Handelsketten und auch die Vermarktungsorganisation »Centralmarkt Roisdorf Straelen« (CMRS) gezielt für die Produkte aus der Region. Die Verbraucher sollen wissen, woher das Obst und Gemüse kommt, das sie kaufen. Wenn es aus dem Vorgebirge stammt, können die Menschen an Rhein und Ruhr, in Köln und Bonn sich sicher sein: Die Qualität und Frische sind optimal.

7

Etappe 7 – Von Wachtberg nach Bonn

19 km

Wer auf der ***Etappe 3*** den Töpferort Adendorf erreicht hat, der kann von hier aus, als Alternative, auf einem direkten Weg nach Bonn fahren. Statt über Berkum, den Rodderberg und Bad Godesberg steht hier eine angenehme Fahrt durch den Kottenforst bevor. Das anschließende Melbbachtal führt hinunter in die Rheinebene und am Poppeldorfer Schloß vorbei zum Alten Zoll.

Gegenüber der Kirche in Adendorf führt die *Schützenstraße* hinauf zum Kottenforst. Auf einem Schotterweg geht es mehr oder weniger geradeaus durch einen schönen Buchenwald. Vorbei am „Roten Kreuz" muß nach ca. 2,5 km die Landstraße Meckenheim - Bad Godesberg, die *L 158*, überquert werden (Vorsicht!). Auf der anderen Straßenseite geht es auf dem rechten Schotterweg für weitere 2 km durch den Wald bis zu einer großen Weggabelung. Während hier die ***Etappe 4*** (s.S. 61) links zum **Bahnhof Kottenforst** führt, zweigt rechts der asphaltierte Weg nach **Villiprott** mit seinen Biergärten ab.

Gleich am Ortsrand vor dem historischen Forsthaus „Schönewaldhaus" mit seinen alten Grenzsteinen in der Außenmauer, zweigt scharf links ein Weg ab - während sich geradeaus die ersten Möglichkeiten für eine Pause in einem der Biergärten von **Villiprott** anbieten.

Der *Villipper Allee* genannte Weg durch den Kottenforst führt nach einem leichten Linksknick immer geradeaus direkt nach **Bonn-Röttgen** und endet erst dort, wo einst Kurfürst Clemens-August 1754 das **Schloß Herzogsfreude** hatte errichten lassen (s.S. 119). 500 m vor

Zufahrt zur Burg Gudenau und zur Wassermühle in Villip mit der Möglichkeit zur Weiterfahrt nach Bad Godesberg

In Villiprott führt die *Dorfstraße* zu einer Kreuzung, von der rechts die *Burgstraße* abzweigt. Diese überquert die *L 158* und führt direkt hinunter zur **Burg Gudenau** (s.S. 67). Wer noch etwas mehr Zeit mitbringt, kann an der Ampelkreuzung dem Weg rechts neben der Landstraße ins Tal hinunter folgen. Unten im Ortsteil **Villip** angekommen, sind es auf der Straße *Im Bruch* rechts noch 300 m bis zur **Villiper Wassermühle** (s.S. 68). In der anderen Richtung führt die Straße zurück zur *L 158*, der auf dem separaten Radweg über Pech nach **Bad Godesberg** gefolgt werden kann.

dem Ortseingang allerdings zweigt an einer großen Kreuzung rechts der Weg *Venner Allee* ab. Nach 1,2 km wird an der nächsten großen Kreuzung links in die *Kreuzberger Allee* und nach 1,6 km rechts in die *Dottendorfer Allee* abgebogen, die direkt zum **Freizeitpark Waldau** mit seinen zahlreichen Wildgehegen führt. Am **Haus der Natur** (s.S. 117) mit seinem Waldinformationszentrum geht es links auf der Straße *An der Waldau* weiter bis zum *Haager Weg*. Hier wird rechts abgebogen, und nach 500 m zweigt links der *Nachtigallenweg* ab. Der führt an der Jugendherberge vorbei und das Melbbachtal hinunter. Wer dem Freibad im Melbbachtal einen Besuch abstatten will, der fährt nach 1 km an der großen Wegekreuzung links, ansonsten geht es weiter geradeaus bis nach 700 m die *Robert-Koch-Straße* erreicht wird. Nun muß ein Stück neben der Straße gefahren werden. An der Ampelkreuzung führt links die Straße *Am Wingert* hinunter zur *Clemens-August-Straße*.

Gemeinde Wachtberg – Drachenfelser Ländchen

Haben Sie Lust, die anmutigen Täler des Godesberger oder des Mehlemer Baches oder die sanft ansteigenden Hänge hinauf zur Basaltkuppe des Wachtbergs (253m) wandernd zu Fuß oder mit dem Rad zu durchstreifen? Genießen Sie gerne frische Luft und dabei den weiten Blick über die in Obstplantagen und Felder eingebetteten Dörfer hinüber zur herrlichen Kulisse des Siebengebirges jenseits des Rheins? Oder wollen Sie die Spuren der Gotik, der Renaissance oder des Barock an Burgen und Kirchen entdecken? Dann zögern Sie nicht lange!

Die Gemeinde Wachtberg mit ihren 13, zumeist weit über 1000 Jahre alten Dörfern, hat hiervon eine Fülle zu bieten:

Vulkanische Härtlinge beherrschen als Basalt- und Trachytkegel das landschaftliche Erscheinungsbild unseres auch „Drachenfelser Ländchen“ genannten Gebiets. Einer davon, der Wachtberg bei Berkum, steht Pate für den Namen der Gemeinde. Er hat schon ein paar Millionen Jahre auf dem Buckel, während ein anderer, der Rodderberg in Niederbachem, gerade 11.000 Jahre alt ist und eine ganz besondere geologische Rarität darstellt. Gegenüber auf der anderen Rheinseite, auf dem Drachenfels, saßen im Mittelalter die vom Kölner Kurfürsten eingesetzten Lehnsherren, die unser Gebiet beherrschten (daher der Name „Drachenfelser Ländchen“). 1402 zogen sie in eine der schönsten Wasserburgen des Rheinlandes, die Gudenau bei Villip.

Unser Gebiet ist eingebunden in die für Radwanderer gestaltete ***Wasserburgenroute*** bis Aachen und hat neben der Gudenau mit den Wasserburgen Adendorf, Odenhausen bei Berkum und Münchhausen bei Adendorf weitere Kleinodien zu bieten. Teilweise aus dem 17. Jh. stammen die Fachwerkhäuser, von denen in unseren Dörfern noch zahlreiche anzutreffen sind. Jahrhunderte älter sind die Kirchen und Kapellen, die mit ihren äußerst geschmackvollen Inneneinrichtungen jederzeit einen Besuch lohnen. Das gilt auch für die St.-Antonius-Kapelle in Holzem, die der von hier stammende berühmte Tenor Anton Raaff, Freund und Mitarbeiter Mozarts und Christian Bachs, stiftete.

Unverwechselbares Symbol modernster Technik ist eine riesige weiße Kugel zwischen Werthhoven und Berkum. Es handelt sich um das „Radom“ der Forschungsanstalt für angewandte Naturwissenschaften e.V.

Obstplantagen und Erdbeerfelder prägen immer mehr die Landschaft und lassen den Wandel in der Landwirtschaft erkennen. Die Höfe sind offen, da viele Landwirte ihre Erzeugnisse selbst vermarkten.

Eine besondere Attraktion ist Adendorf durch seine überregional bekannten Töpfereien. Einmal im Jahr, am 2. Wochenende im Oktober, finden hier die „Adendorfer Töpfertage“ statt und ziehen zigtausende Besucher aus dem In- und Ausland an.

Gemeinde Wachtberg • Rathausstraße 34 • 53343 Wachtberg-Berkum • Tel.: 0228/9544-0 • www.wachtberg.de

Diese führt rechts durch den Stadtteil Poppelsdorf und dann als *Meckenheimer Allee* am **Poppelsdorfer Schloß** (s.S. 23) vorbei.

Von links gesellt sich von der *Nussallee* kommend nun ***Etappe 6*** hinzu. Gleich hinter dem Schloß führt die *Poppelsdorfer Allee* nach der Fußgängerunterführung zum *Kaiserplatz* mit dem ehemaligen Stadtschloß, heute Hauptgebäude der Bonner Universität (s.S. 103). Links geht es zum *Münsterplatz*, rechts daneben führt der *Regina-Pacis-Weg* an der Hofgartenwiese vorbei, die während der Bonner Republik viele große Demonstrationen erlebt hat. Nach Überqueren der Straße *Belderberg*, links geht es direkt zum Marktplatz mit dem Alten Rathaus, sind es nur gute 100 m bis zum **Alten Zoll** am Rhein und dem Anschluß an ***Etappe 1*** (s.S. 15).

Kreuzbergkirche

Der Blick vom Kreuzberg gilt als einer der schönsten in das Rheintal. Der Blick geht nach Bonn, Köln, Siegburg, in die Voreifel und das Siebengebirge.
Am Tage des hl. Antonius im Jahre 1429 versammelten sich alten Urkunden nach, 50.000 Menschen bei einem Kreuz oberhalb Lengsdorf, einem Endpunkt vieler Wallfahrtswege. Vorbei an alten Bildstöcken, Sieben-Schmerzen-Stationen (aus dem Jahr 1864) und Sieben Fußfällen (1964) geht den Weg hinauf auf den Kreuzberg. Das älteste erhaltene Zeugnis der Christi-Leiden-Verehrung auf dem Kreuzberg ist der Bildstock am Ortseingang von Bonn-Ippendorf aus dem Jahr 1616. Später wurde auf dem Kreuzberg eine Kapelle erbaut. Nach deren Zerstörung um 1627 ließ Erzbischof und Kurfürst Ferdinand (1612-1650) „in schönerer Lage“ die heutige Kirche errichten. Die neue Kirche wurde 1628 eingeweiht und Hauptheiligtum der Bruderschaft von den Sieben Schmerzen der Gottesmutter. Zur Betreuung der Wallfahrtsstätte kamen 1637 Bettelmönche des Servitenordens nach Bonn. Über 100 Jahre später, 1746, stiftete der Erzbischof und Kurfürst Clemens August die „Heilige Stiege“ und ließ die Kirche umbauen und kostbar ausstatten. 1802 mußten die Serviten mit der Enteignung kirchlichen Besitzes den Berg verlassen. Nur die Bemühungen des Bonner Hofrats Caspar Oppenhoff haben Kirche und Heilige Stiege vor dem Abbruch bewahrt.
Seit 1970 ist das ehemalige Kloster ein Zentrum für internationale Bildung und Kulturaustausch in Verbindung mit der internationalen Schönstattbewegung. Träger ist der Kreuzberg Bonn e. V.

Adendorf – der Töpferort

Norbert Corzelius, Alter Weg 6
Tel.: 0 22 25 / 79 71
Bernd Ulrich Giertz, Töpferstr. 37
Tel.: 0 22 25 / 78 34
Paul Günther, Töpferstr. 25
Tel.: 0 22 25 / 22 92
Joachim Hansen, Erhard-Fischer-Str. und Töpferstr. 26
Tel.: 0 22 25 / 78 74
Peter Heinevetter, Töpferstr. 62
Tel.: 0 22 25 / 78 90
Rudi Mennigen, Töpferstr. 63
Tel.: 0 22 25 / 45 01

7

Jeden 2. Sonntag im Monat geöffnet

Anfahrt über Meckenheim oder Grafschaft Gelsdorf-Eckendorf,
Rheinstrecke, B 9 Mehlem Abzweig Richtung Meckenheim

Töpferort Adendorf

Einmal im Jahr wird Adendorf zum Mekka der Töpferkunst. An den Töpfertagen, jeweils am 2. Wochenende im Oktober, stehen die Werkstätten offen, und mit großem Zuspruch demonstrieren die Meister ihr handwerkliches Können. Aber nicht nur an diesen Tagen können Besucher den Töpfern über die Schulter schauen und an der Drehscheibe miterleben, daß ein uraltes Handwerk Zukunft hat. Über die Ursprünge des Töpfergewerbes in Adendorf gibt es unterschiedliche Zeugnisse. Im 14. Jh. wurde der Ort schon als „Aulndendorp" erwähnt, worin Historiker einen Hinweis auf „Irdenes", also auf das Töpferhandwerk sehen.

Der gängigen Meinung nach aber begann die Geschichte des irdenen Gewerbes Mitte des 18. Jh., als mehrere Töpferfamilien aus dem Kannebäcker Ländchen im Westerwald nach Adendorf zogen. Hier fanden sie beste Voraussetzungen für ihr Handwerk: Ton und ausreichende Holzvorkommen.

Familien mit dem Namen Gerhartz, Gierts, Menningen oder Willems sind auch heute noch im Gebiet um Höhr-Grenzhausen anzutreffen. Nach neueren Untersuchungen aber soll es keinen Zusammenhang zwischen den Töpferaktivitäten des 14. Jh. und des 18. Jh. geben.

Das Töpferhandwerk erlebte zwischen 1860 und 1930 einen sehr großen Aufschwung. Waren zunächst sieben Betriebe tätig, so vergrößerte sich ihre Zahl auf 34, was bedeutete, daß rund ein Drittel der Adendorfer Bevölkerung, einschließlich Frauen und Kinder, in den Töpfereien beschäftigt war. Nach dem 2. Weltkrieg allerdings nahm die Zahl der Betriebe wieder deutlich ab, 1973 waren es noch 13, und zur Jahrtausendwende gehen neben einem Industrieunternehmen und einem Ofenbauer noch 9 Betriebe dem traditionellen Töpferhandwerk nach. Heute haben sich alle Betriebe spezialisiert, und neben dem klassischen Blau-Grau und der Salzglasur finden neuere Techniken und Farben Einzug in eine moderne Produktion.

Die Adendorfer Töpfererzeugnisse machten von sich reden, als mit dem blaugrauen, salzglasierten Steinzeug eine sich durch große Härte und vollkommene Dichte auszeichnende Ware auf den Markt kam. Neben einem besonders guten und sorgfältig zubereiteten Ton liegt das Geheimnis in der hohen Brenntemperatur von rund 1.250 Grad, bei der das Material sintert.

Obwohl es um Adendorf große Tonvorkommen gibt, benutzten die Töpfer bis Mitte des Jahrhunderts vornehmlich Tone aus anderen Gebieten. Erst ein gewisser Erhard Fischer, ein sächsischer Porzelanerdenfachmann, der als Flüchtling nach dem Krieg nach Adendorf kam, sorgte durch eigene Rezepturen dafür, daß auch der Adendorfer Ton genutzt und zu höchster Qualität verarbeitet werden konnte. Somit kam der Töpferort am Rande des Kottenforstes zu europäischer Geltung. Seit dieser Zeit wird der Adendorfer Ton, die Grube liegt südlich des Ortes, auch in großen Mengen für die industrielle Keramikproduktion exportiert. Erhard Fischer wurde später auch Ratsherr der bis 1969 selbständigen Gemeinde Adendorf, nach ihm ist eine Straße benannt.

7

Burg Medinghoven

Von den zahllosen kleinen Adelssitzen rund um Bonn war die Burg in Medinghoven jahrhundertelang gar nicht mehr präsent. Nach der Zerstörung durch die Truppen Ludwigs XIV. von Frankreich im Jahre 1689 wurde der alte Rittersitz, an dem das Erbschenkenamt der Propstei Bonn hing, als einfacher vierflügeliger Gutshof wiederaufgebaut. Gebaut wohl als Sitz eines Vogtes über die geistlichen Güter und Ort eines Dingstuhls (Gerichts), wurde Medinghoven um 1390 von einem Herrn Baldwyn aus dem alten Kölner Rittergeschlecht der van dem Meinweg bewohnt, dem im 15. Jh. die Herren von Ilem aus dem Jülichschen folgten. Durch Heirat kamen 1631 die Raitz von Frentz auf Mattefeld bei Schwelm in den Besitz, deren älteste Tochter ihn den Gysenberg zubrachte.

Nach der Zerstörung war die ehemalige, sicher immer recht kleine Burg als Adelssitz uninteressant geworden, bis sie um 1850 in den Besitz des gerade (1838) in den preußischen Adel aufgenommenen Wilhelm de Neufville gelangte. Da gehörte Medinghoven schon seit 15 Jahren nicht mehr zu den landtagsfähigen preußischen Rittergütern. Weil sein älterer Bruder mit dem Schloß Miel einen sehr alten, vornehmen Adelssitz bewohnte, sah sich Wilhelm von Neufville wohl bewogen, seinerseits einen angemessenen Schloßbau ausführen zu lassen, um seinem neuen Adel etwas mehr historischen Glanz zu verleihen.

Dafür wählte er die Form jener klassizistischen Gotik, wie sie der preußische Kronprinz in Schloß Stolzenfels verwirklicht hatte. So sieht die Burg Medinghoven jetzt aus wie ein Burghaus mit Turm und Eckwarten aus der mittelrheinischen Gotik der Grafen von Katzenelnbogen, das mit einem klassizistischen Gewand nach Art des Johann Claudius von Lassaulx überzogen wurde. Heute gehört die Burg der Stadt Bonn.

Waldau – Haus der Natur

Der Name Waldau in Bonn ist verbunden mit dem Wildgehege, in dem das hier heimische und auch frei lebende Dam- und Schwarzwild sowie das bis vor 200 Jahren hier noch vorkommende Rotwild aus nächster Nähe betrachten werden kann. Unzählige Kinderaugen haben hier auf dem Venusberg ihre ersten Schweinchen gesehen. Daß die Ferkel hier „Frischlinge" genannt werden, das besagen zwar Hinweisschilder, wer es aber genauer wissen will, der ist im „Haus der Natur", im Waldinformationszentrum, genau richtig. Zuerst fällt nur das schöne Fachwerkhaus auf, dann bei näherem Hinsehen der Bauerngarten mit seiner Mischung aus Blumen und Gemüsepflanzen. Und wer sich weiter umschaut, dem wird der werkwürdige Klangbaum nicht unentdeckt bleiben. 1989 eröffnet und seit 1999 in gemeinsamer Trägerschaft von Bundesstadt Bonn und Forstamt Bonn Kottenforst-Ville, nutzt das „Haus der Natur - Waldinformationszentrum" seinen idealen Standort an der Waldau in Bonn, um über Belange, Funktionen und Wert des Waldes zu informieren. Kottenforst und Bonner Stadtwald sind bevorzugte Naherholungsgebiete. Aber wer weiß um den Wert und die Vielfalt der so stadt- und doch naturnahen Wälder Bescheid? Wer kennt sich aus mit der Pflege dieser gern genutzten aber keineswegs selbstverständlichen Kleinode? Da sind die bizarren Kopfbuchen, die zahlreichen Teiche, kilometerlange Wander- und Radwege, uralte Bäume, die „Urwaldzellen", in denen sich der Wald wieder selbst überlassen wird. In der Dauerausstellung wird den jährlich fast 20.000 Besuchern ein Überblick über den Naturraum Bonn und den Kottenforst geboten. Der Rundgang beginnt mit Gestein und Boden, über Klima und Wetter führt er zu einem großen Luftbild des Bonner Stadtgebietes. Seit 2005 bietet ein interaktives dreidimensionales Landschaftsmodell eine Fülle von Informationen zum Landschaftsraum und zum Wald.

Ein lebender Bienenstock (im Sommer) leitet über zur Insektenwelt, von wo es weitergeht zu Baumarten und Waldfunktionen des Kottenforstes. In Dioramen wird die einheimische Tier- und Pflanzenwelt in Beispielen dargestellt. Eine Bücherecke soll die Bestimmung dessen ermöglichen, was man vielleicht vorher im Wald entdeckt hat. In Wechselausstellungen werden regionale Themen aus der Natur, dem Wald und der Forstwirtschaft bearbeitet. Auch für Diavorträge, Film- und Videovorführungen ist Platz genug

Wer an einer eigenen Waldführung interessiert ist, der kann im „Haus der Natur – Waldinformationszentrum" Themen und Termine vereinbaren. Ferienfreizeiten und Waldjugendspiele für Kinder und Jugendliche vervollständigen das Angebot.

Haus der Natur • An der Waldau 50 • 53125 Bonn-Venusberg • Tel.: 02 28 / 28 51 07 • www.waldau.de

Nordrhein-Westfalen erleben

Radwanderkarte NRW

1 : 50 000

Vertrieb über den Buchhandel,
die Katasterämter und das
Landesvermessungsamt NRW
Muffendorfer Str. 19-21
53177 Bonn

Fon: (02 28) 8 46 - 46 46
Fax: (02 28) 8 46 - 46 48
E-Mail: shop@lverma.nrw.de
Web: www.lverma.nrw.de

Landesvermessungsamt Nordrhein-Westfalen

NRW.

Rhein in Flammen

Jedes Jahr am ersten Samstag im Mai erglüht der Rhein zwischen Linz und Bonn in einem zauberhaften roten bengalischen Licht. Feuerwerke zeichnen Licht-Kaskaden an den Himmel. „Rhein in Flammen“ – ein ganz besonderes Highlight für mehr als eine Million Besucher. Besonders eindrucksvoll ist der Blick von einem der zahlreichen Schiffe, die den „roten“ Rhein entlang des Siebengebirges zu einem besonderen Erlebnis machen. Der Abschluß wird durch ein riesiges Feuerwerk in den Rheinauen bekrönt.

Schloß Herzogsfreude

1753 begann der 53 Jahre alte Kurfürst Clemens August im Kottenforst mit dem Bau eines Jagdschlosses, dessen Name Herzogsfreude schon andeutete, das es sich um sein Lieblingsprojekt handelte. Der leidenschaftliche Jäger Clemens August baute Herzogsfreude für die aufwendige und gefährliche Parforcejagd, für die er die Schneisen und Jagdsterne im Kottenforst angelegt hatte, deren längste von Poppelsdorf nach Brühl führen sollte. Anders als die sonstigen Schöpfungen Clemens Augusts war Herzogsfreude mit gut 100 Zimmern und einer Frontlänge von 150 Metern sehr groß und wohl für eine große höfische Jagdgesellschaft gedacht. Dennoch hatte der Mittelbau die klassische Disposition einer Maison mit mittlerer Verkehrsachse aus Vestibül und Saal, darum gruppiert die beidseitigen Appartements für hohe Gäste. Zur Hofseite lag eine zweite Raumflucht, was typisch für die Maison de Plaisance war und eine bequeme und rationelle Nutzung ermöglichte. Die Wohnung des Kurfürsten lag im Obergeschoß zur Gartenseite und war äußerlich durch Bauschmuck betont. Die exzellente Innenausstattung entsprach der persönlichen Bedeutung des Schlosses und hat sich nur zum Teil im Schloß Brühl erhalten. Die niedrigeren Seitenflügel machten das Schloß optisch zur Dreiflügelanlage und dienten untergeordneten Funktionen.

8

Etappe 8 – Von Bonn über Bornheim nach Brühl

19 km

Die Kurfürsten hatten seinerzeit eine direkte Verbindung zwischen dem Poppelsdorfer Schloß und Schloß Brühl angelegt. Davon ist heute auf den ersten Blick kaum noch etwas zu erkennen, denn auf diesem alten Weg verläuft heute zu einem Großteil die Trasse der Eisenbahn. Diese burgenreiche Etappe folgt den Radspuren der Kurfürsten durchs Vorgebirge über Alfter, Roisdorf, Bornheim, Sechtem und Schwadorf nach Brühl.

In Bonn am „Alten Zoll“, direkt am Rhein, beginnt diese Etappe und führt an der heutigen Universität, dem ehemaligen **Stadtschloß** (s.S. 22), vorbei, über den *Kaiserplatz*, dann unter der Bahn hindurch und entlang der *Poppelsdorfer Allee* zum **Poppelsdorfer Schloß** (s.S. 23). Rechts daneben geht es ein Stück noch auf der *Meckenheimer Allee*, bis rechts die *Nußallee* abzweigt (hier gegenüber befindet sich der Eingang zum Botanischen Garten). An deren Ende wird links in die *Endenicher Allee* eingebogen und nach Überqueren der Autobahn führt halb rechts der *Wiesenweg* zur *Alfred-Bucherer-Straße*.

Abstecher zur Endenicher Burg

Wer in Endenich der *Frongasse* links folgt und geradeaus weiter fährt, kommt direkt auf ein Gebäude zu, dass sich unschwer als die ehemalige Vorburg der längst abgerissenen Endenicher Burg ausmachen lässt. Der schon um 814 erwähnte und um 1200 ausgebaute Sitz für den „Ritter von Endenich“ beherbergt heute die Freiwillige Feuerwehr und die Stadtteilbibliothek.

Nach 100 m ist Vorsicht geboten, denn es geht halb rechts durch die Einbahnstraße *Frongasse*, am Springmaus-Theater vorbei, bis zur Ampel am *Hermann-Wandersleb-Ring*.

Auf der anderen Seite führt nun die Straße *Auf dem Hügel* zum Ortsteil Dransdorf. Am Ende der sich anschließenden *Siemensstraße* befindet sich auf der rechten Seite die **Dransdorfer Burg**.

Die Dransdorfer Burg

Wie auch bei der Endenicher Burg ist vom Glanz früherer Zeiten nicht viel übrig geblieben. In dem schlichten 1742 erbauten Herrenhaus, der erstmals 1139 erwähnten Burg, ist heute die Bonner Musikschule untergebracht.

Nun wird rechts abgebogen, die Bahnlinie überquert und gleich links neben der Bahn weitergefahren. Die *Bähnchenstraße* endet nach 2,5 km am Haltepunkt in Alfter. Links führt die *Bahnhofsstraße* etwas den Hang hinauf und, nach Überqueren der Ampel-Kreuzung, zum **Alfterer Schloß** (s.S. 105). An der vorderen Grundstücksecke führt rechts der *Schlossweg*, von dem aus links auch ein Zugang zum Schloß besteht, nach **Bornheim-Roisdorf**. Der sich anschließenden *Südstraße* folgt der *Donnerstein*, von dem rechts der *Oberdorfer Weg* abzweigt.

Der *Berliner Straße* folgt rechts der *Oberdorfer Weg*, dem sich rechts die Straße *Ehrental* anschließt. Nach Überqueren der *Brunnenstraße* zweigt von der *Siegesstraße* links vor dem Roisdorfer Bach ein Weg ab, der direkt an der **Wolfsburg** (s.S. 124) vorbei führt.

8

Gemeinde Alfter

Alfter ist eine junge Gemeinde, die erst durch die kommunale Neugliederung 1969 aus den 5 früher selbständigen Orten Alfter, Gielsdorf, Oedekoven, Impekoven und Witterschlick entstand. Sie ist zugleich eine Gemeinde mit langer geschichtlicher Tradition.

Funde aus der Jungsteinzeit und der Metallzeit weisen auf sehr frühe Besiedlung hin. In der Römerzeit waren die sanften Südhänge des Vorgebirges an der Heerstraße nach Bonn beliebte Wohnorte, wie archäologische Funde gerade im Herzen der Gemeinde immer wieder beweisen.

Die erste urkundliche Erwähnung des Ortsteils Alfter stammt von 1067, als Alfter wird der Ort erstmals 1311 genannt. Mitte des 15. Jh. wurde das Erbmarschallamt der Ritter von Alfter auf die Salm-Raifferscheidt-Linie übertragen, in deren Besitz sich bis heute das Schloss Alfter befindet. Der Ortsteil Witterschlick wird erstmals 965 erwähnt, der Ortsteil Oedekoven kann sogar auf eine über 1200jährige Tradition zurückblicken.

Verwurzelt in dieser Tradition und gestützt auf ein reichhaltiges und lebendiges Vereinsleben hat jeder Ortsteil seinen eigenen und unverwechselbaren Charakter bewahrt. Von jeher wurden die Ortsteile von der Landwirtschaft geprägt: Rund die Hälfte des Gemeindegebietes ist landwirtschaftliche Nutzfläche. Obst und Gemüseanbau profitieren vom fruchtbaren Boden und dem milden Klima. Alfterer Spargel ist weit über die Grenzen der Region hinaus beliebt, das „Rebellenblut" – ein Brombeerwein – wird als kulinarisches Markenzeichen seit Generationen geschätzt.

Ebenfalls weit über die Grenzen der Region hinaus, ist der Tonabbau in Witterschlick und Volmershoven und die darauf aufbauende keramische Industrie, bekannt. Durch Zufall stießen die Gebrüder Braun im Jahre 1880 auf wertvollen Blauton, der bis heute abgebaut wird. 1890 nahmen die Servais-Werke den Betrieb auf, die heute noch – als Bestandteil der Deutsche Steinzeug Krämer & Breuer AG – größter Arbeitgeber in Witterschlick sind.

Belebendes Element und für das kulturelle Leben der Gemeinde von unschätzbarer Bedeutung ist die Alanus-Hochschule für Kunst und Gesellschaft, eine staatlich anerkannte private Hochschule. Seit über 25 Jahren arbeitet die Alanus-Hochschule im Schloss Alfter, im Johannishof und in anderen Werkstätten. Mit Hilfe der Alanus-Hochschule gelang es dem Kulturkreis Alfter, den Weg zwischen Schloss Alfter und Johannishof zu einem kulturellen Erlebnisweg mit einem einmaligen Charakter zu gestalten.

Gemeinde Alfter • Am Rathaus 7 • 51347 Alfter • Tel.: 02 28 - 64 84 - 0 • www.alfter.de

Zufahrt zum Roisdorfer Brunnen und zum Roisdorfer Zentralmarkt

Wer an der Ecke *Südstraße/Donnerstein* in Roisdorf rechts auf der *Schussgasse* den Hang hinunter fährt, kommt am Haus Wittgenstein vorbei. Hier befand sich in früheren Zeiten ebenfalls eine Burg. Nach Überqueren der *Brunnenstraße* führt die *Brunnenallee* an der **Roisdorfer Mineralquelle** vorbei, die heute von den „Artus-Mineralquellen“ geführt wird (s.S. 125). Auf dem Weg zum **Centralmarkt**, einem der größten deutschen Vermarktungsorganisationen für Obst und Gemüse, wird der *Brunnenallee* weiter gefolgt und an der Kreuzung links in die *Friedrichstraße* eingebogen. Am Ende führt die *Siegesstraße* rechts zur *Bonner Straße*. Diese wird über- und die Gleise werden unterquert. Anschließend liegen rechts am *Rosental* das Bornheimer Gartenland-Center mit seinem „Bauerncafé“ und die Zufahrt zum **Centralmarkt** (s.S. 126).

Der Weg führt zur Straße *Siefenfeldchen* und unterquert rechts eine Eisenbahnbrücke. Dann wird die *Königsstraße* überquert, und die *Rilkestraße*, die am **Bornheimer Schwimmbad** vorbei führt, geht in die *Wallrafstraße* über. Von der zweigt vor der großen Mauer links die *Burgstraße* ab, von der aus rechts ein Blick auf die **Bornheimer Burg** (s.S. 125) möglich ist.

Am Ende der *Wallrafstraße* besteht rechts die Möglichkeit zur Weiterfahrt nach **Uedorf** an den Rhein und zur ***Etappe 1***, während links die *Eichendorffstraße* nach einem Rechtsbogen an einem Park entlang unter der Eisenbahnbrücke hindurch führt. Gleich dahinter zweigt links ein Weg ab, der dann neben den Gleisen verläuft. Nun, auf der ehemaligen kurfürstlichen Verbindungsstraße zwischen Bonn und Brühl, wird nach 1 km am Ende rechts und dann gleich wieder links abgebogen.

Nach 1 weiteren km geht es an der Wegekreuzung dann links unter der Bahntrasse hindurch, nun auf der *Erfurter Straße*, nach **Sechtem**. Auf der anderen Seite der *Bahnhofstraße* zweigt links die *Willmuthstraße* zum *Krausplatz* ab, der sich weiter geradeaus die *Brüsseler Straße* anschließt. Nach gut 200 m führt links die *Weiße-Burg-Straße* direkt zur **Weißen Burg** (s.S. 127). Hier wird rechts abgebogen und am Ende der *Kaiserstraße* führt rechts die *Graue-Burg-Straße* zur **Grauen Burg** (s.S. 127). Ein Blick in den Innenhof ist von der *Schweppenburgstraße* aus möglich. Am Ende der *Graue-Burg-Straße* zweigt links in einem Bogen neben dem Fußballplatz der *Rosenweiherweg* ab. Der endet an der *K 41*, dem *Hessenweg*, der rechts über die Bahngleise führt. Gleich anschließend wird links dem Weg neben der Trasse gefolgt.

Beim nächsten Bahnübergang besteht links die Möglichkeit für einen 1,5 km langen Abstecher zur **Schallenburg** in Schwadorf (s.S. 27). Wer den Bahngleisen weiter folgt, biegt nach 200m links in den Weg ein, der nach einem Rechtsknick unter der Autobahn hindurch direkt zum **Schloß Falkenlust** (s.S. 35) führt. Hier besteht auch Anschluß an ***Etappe 1*** und die Möglichkeit zur Weiterfahrt zum Brühler **Schloß Augustusburg** (s.S. 34). An der **Brühl-Info** am *Uhlweg* endet auch diese Etappe (Routenbeschreibung für die letzten 3 km bis zur Brühler Innenstadt s.S. 17, Karte 12, S.88).

Zufahrt über Uedorf zum Rhein und *Etappe 1*

Am Ende der *Wallrafstraße* in Bornheim führt rechts die *Eichendorffstraße* und im Anschluß der *Uedorfer Weg* unter der Autobahn hindurch und dann als *Bornheimer Straße* geradeaus in **Uedorf** an den Rhein. Hier besteht Anschluß an ***Etappe 1*** (s.S. 15).

8

Wolfsburg

Die Wolfsburg ist eine sehr späte Gründung und bezog ihren Namen von den Herren von Wolf zu Bergheimerdorf. Unterhalb der heute ganz untergegangenen Burg der Herren von Roisdorf kauften sie sich um 1440 Land, um darauf eine kleine Burg zu bauen, die schließlich sogar Rittersitzqualität bekam. 1721 starben die von Wolf aus, ohne weiter aufgefallen zu sein, und ihre Burg fiel an den Freiherrn Waldbott von Bassenheim zu Bornheim, der das mit seinem Ehewappen am Eingangsportal dokumentierte. Nach wechselnden Eigentümern im 19. Jh. erwarb Gerhard Freiherr von Carnap 1826 die Wolfsburg und richtete im Zusammenhang mit seiner Roisdorfer Mineralquelle hier einen Gasthof ein. Aus seiner Absicht, einen vornehmen Bäderbetrieb zu gründen, wurde bekanntlich nichts. Über die Familie von Wittgenstein gelangte die Burg an die Familie Rech, der sie noch heute gehört. Ursprünglich war die Wolfsburg, wie es sich für einen Rittersitz geziemte, eine zweiteilige Wasserburg, deren Gräben 1874 zugeschüttet wurden. Von der einst dreiflügeligen Vorburg sind noch zwei Flügel mit einem hübschen spätbarocken Torbau erhalten, das Herrenhaus hingegen hat die Zeiten besser überstanden. Der früher hell verputzte Backsteinbau besteht aus einer älteren Winkelanlage wohl des 16. Jh., die 1626 mit einem dritten Flügel im Winkel und drei gleichen Schweifgiebeln ihre heutige kompakte Form bekam. Von der einst malerischen Lage in einer kultivierten, fruchtbaren Landschaft künden nur noch alte Bilder.

Burg Bornheim

Die Burg zu Bornheim, vom Typ her eher ein Schloß, ist einer der ältesten Adelssitze bei Bonn, auf dem schon 1147 ein Ortsadelsgeschlecht erwähnt wird. Spätestens 1170 besaß sie der Ritter Wilhelm von Schilling. Nach ihm kamen die Erbmärschälle von Alfter; die Beissel von Gymnich, 1462 die Scheiffart von Merode und schließlich 1629 die Waldbott von Merode. Anstelle der alten zweiteiligen Wasserburg, die seit dem 14. Jh. Sitz einer kurkölnischen Unterherrschaft mit weitgehender Autonomie war, errichtete der kurkölnische Hofkammerpräsident, Konferenzminister, Geheimtrat und Direktor der Ritterschaft Johann Jakob Freiherr Waldbott von Bassenheim bis 1732 neues Schloß, das er, entsprechend seiner hohen Stellung am Hofe und als einer der engsten Vertrauten des Kurfürsten Clemens August, in der herrschaftlichen Form einer Dreiflügelanlage mit der Innendistribution einer Maison de Plaisance gestalten ließ. Dazu gehörten weitläufige Wirtschaftsgebäude um zwei Vorhöfe, die der neue Besitzer, der Freiherr von Carnap, ab 1826 samt den Seitenflügeln des Herrenhauses abreißen ließ mit Ausnahme zweier Vorburgtrakte und des Torhauses.

So entstand ein, weitläufiger Vorhof, an dem nur die Schräglage von Herrenhaus und Vorgebäuden an die mittelalterliche Burg erinnert. Um diese Schloßbauten waren große Nutz- und Ziergärten angelegt, die einen herrschaftlichen barocken Landsitz zur Vollkommenheit abrundeten. Im 19.Jh. wurden sie in einen englischen Landschaftspark verwandelt und mit einer hohen Mauer umgeben. 1859 erwarb Burg und Ländereien der Graf Heinrich von Boos-Waldeck, seit 1879 gehören sie den Freiherren von Diergardt.

Roisdorfer Mineralbrunnen

Ernst Moritz Arndt, berühmter Dichter und Professor in Bonn pries 1844 den Roisdorfer Mineralbrunnen als „... ein Wasser alten verdienten Gebrauchs und Ruhms!“ Das wussten auch schon die Römer, die die „Trajanus Heilquelle“ schon um die Zeitenwende zu schätzen wußten. Im 19. Jh. wäre der Brunnen am Rande des Vorgebirges beinah zu großem Ruhm gekommen, denn der damalige Pächter, Gerhard Freiherr von Carnap, hatte den Versuch unternommen, Roisdorf zu einem Kurort auszubauen. Prächtige neue Kuranlagen entstanden und selbst die Bonn-Cölner-Eisenbahn hielt hier, um eine bequeme Anreise der Kurgäste zu ermöglichen. Das hochgeschätzten Brunnenwasser erwies sich sogar als Exportschlager in alle Welt. Am Ende aber scheiterte von Carnaps an der mangelnden Rentabilität des Kurbetriebs. So blieb das Wasser aus Roisdorf, das was es schon immer war, eine gute mineralienreiche Quelle, die heute, wie auch das Wasser des Markusbrunnen, zur Artus Mineralquellen GmbH gehört.

Der Centralmarkt Roisdorf · Straelen

Die grösste Erzeugerorganisation zur Vermarktung von Obst und Gemüse in Deutschland

1844 eröffnet die »Bonn-Cölner Eisenbahngesellschaft« eine Strecke mit Roisdorf als einem ihrer Haltepunkte. Das Roisdorfer Stationsgebäude gilt als das schönste zwischen Bonn und Köln. Hier finden die Obst- und Gemüsebauern des Vorgebirges den idealen Verkehrsanschluss, als sie sich 1920 zu einer Genossenschaft zusammenschließen, um ihre Ware gemeinsam zu vermarkten. Die »Kreis- Obst- und Gemüseversteigerung Vorgebirge« entsteht in direkter Nähe des Bahnhofs. Die Bauern fahren anfangs ihre Produkte mit Traktoren an einer Tribüne vorbei, auf der die Händler sitzen und die Ware orderten. Die Preise werden in Roisdorf seit 1929 mittels einer elektrischen Versteigerungsuhr ermittelt. Nach dem Zweiten Weltkrieg expandiert das Unternehmen in großem Stil: Es werden Kühlhäuser, Lagerhallen und ein Verwaltungsgebäude gebaut. Aus der regionalen Versteigerung wird der »Centralmarkt Rheinland eG«. Er fusioniert Anfang 2004 mit dem Bereich »Obst und Gemüse« der NBV/UGA zum »Centralmarkt Roisdorf · Straelen« (CMRS), der größten Erzeugerorganisation für Obst und Gemüse in Deutschland.

Vermarktung von Obst und Gemüse aus der Region

Wer viel vitaminreiches Obst und Gemüse isst, bleibt fit und gesund. Der CMRS sorgt dafür, dass das Obst und Gemüse aus dem Rheinland stets frisch und in bester Qualität erhältlich ist. Mit einem Jahresumsatz von 110 Millionen € (2004) ist er der wichtigste Vermarktungspartner für rund 1.400 Obst- und Gemüsebauern aus dem gesamten Rheinland zwischen Koblenz und Kleve, darunter sind auch zahlreiche Erzeuger aus dem Vorgebirge. Der CMRS organisiert die Vermarktung: Er verkauft ihre Produkte an die Einkäufer des deutschen Lebensmitteleinzel- und Großhandels, die sich hier täglich mit frischer Ware von hoher Qualität eindecken. Von „A" wie Artischocke bis „Z" wie Zucchini gedeihen im Rheinland mehr als 60 verschiedene Obst- und Gemüsesorten.

Frische für die Gemüseabteilung Ihres Supermarkts

An jedem Werktag wird an der Versteigerungsuhr in Roisdorf Obst und Gemüse aufgerufen: Die Versteigerung beginnt mit einem Höchstpreis, der in einem festen Sekundentakt immer niedriger wird. Die Einkäufer können die Uhr per Knopfdruck stoppen. Sie brauchen Risikobereitschaft und Erfahrung: Wer als erster drückt, hat die Ware zwar sicher, zahlt aber einen höheren Preis, als wenn er noch gewartet hätte. Wer sehr lange wartet, muss befürchten, dass ihm ein Konkurrent mit dem Kauf zuvorkommt. Doch so lange kein anderer die Uhr stoppt, kann er hoffen, die Ware sehr preiswert zu erstehen.

Dank moderner IT-Technik können angemeldete Händler heute auch übers Internet mitbieten. Die Erzeuger bekommen umgehend Bescheid, welche Menge ihres Obsts oder Gemüses verkauft worden ist und in welcher Verpackung sie die Ware am folgenden Tag erntefrisch anliefern sollen. Nur einen Tag später ist die Ware dann im Supermarkt. Der überwiegende Teil der Ware wird heute jedoch nicht mehr „an der Uhr", sondern direkt an den Lebensmitteleinzelhandel verkauft.

Firmensitz Roisdorf
Raiffeisenstraße 10
53332 Bornheim
Tel: 0 22 22 - 71-0

Standort Straelen
Hans-Tenhaeff-Str. 44
47638 Straelen
Tel: 0 28 34 - 9 10-1 14

Standort Glehn
Hauptstraße 1
41352 Korschenbroich-Glehn
Tel: 0 21 82 - 5 75 57

MECO
Hellmarstraße 12
53340 Meckenheim
Tel: 0 22 25 - 25 29

Centralmarkt
ROISDORF • STRAELEN

WWW.CENTRALMARKT.DE · INFO@CENTRALMARKT.DE

Weiße Burg, Sechtem

Noch älter als die Graue Burg soll die Weiße Burg sein, deren Grundrißstruktur diese Vermutung bestätigen könnte. Der langgestreckte, unregelmäßig gerundete Umfassungsgraben läßt keine eindeutige Datierung zu, scheint aber dem Hochmittelalter anzugehören. Auf dem Platz des heutigen Herrenhauses bzw. leicht nach Westen verschoben dürfte auch das mittelalterliche Burghaus gelegen haben, vielleicht auf einem kleinen künstlichen Hügel (Motte). Zu den Gebäuden des Wirtschaftshofes, der ehemaligen Vorburg, bestand ursprünglich eine Trennung durch einen wassergefüllten Zwischengraben. Die Anlage der Zufahrtsbrücke nach Nordosten folgt dem Original. Die Weiße Burg war ebenfalls ein kurkölnisches Lehen, das 1551 als Besitz des Herrn Wilhelm von Efferen erwähnt wird. Es folgten die Familien von Meierhof, von Krane, von Holtorf, von Merode, die alle nicht hier lebten, sondern die Verwaltung ihren Rentmeistern überließen. Nach achtmaligem Besitzerwechsel im 19. Jh. folgte die Familie Zillikens, der das Anwesen noch heute gehört. Unter dem Kaufmann Essingh aus Köln wurde die gesamte Burganlage als Gutshof ab 1843 vollständig erneuert. Das Herrenhaus wurde als quadratische dreigeschossige Villa im oberitalienischen Renaissancestil errichtet und mit Quaderputz wie ein Werksteinbau hergerichtet. Ein

Mezzaningeschoß mit kleinen Rundfenstern und ein flaches pyramidales Dach verstärken den italienischen Eindruck. Die Hofgebäude entsprechen der Zweckarchitektur der Zeit; nur der Torturm soll Erinnerungen an den mittelalterlichen Ursprung wachrufen.

Graue Burg, Sechtem

Die beiden Burgen in Sechtem blicken auf ein hohes Alter zurück, aber römischen Ursprunges, wie man immer wieder wegen der vielen römischen Funde am Ort annahm, sind sie nicht. Zwar gab es hier ein römisches Auxiliarkastell, aber erst der fränkische Edelhof mit der Nikolauskapelle als Eigenkirche darf als Vorgänger der Grauen Burg gelten. Diese wird als Sitz der Lehensherren, der Grafen von Saffenburg, im 12. Jh. faßbar, und kommt Mitte des 13. Jh. an die Gräfin Mechthildis von Sayn, die sie 1283 der Kölner Kirche schenkt. Seitdem ist die Graue Burg ein Kölner Rittersitz in der üblichen Form mit Herrenhaus und Vorburg auf jeweils eigener Insel, von Wassergräben geschützt. Seit 1530 saß hier die Kölner Patrizierfamilie von Siegen als Lehensnehmer des Erzbischofs, seit 1734 die Familie von Monschau, ebenfalls aus dem Kölner Patriziat. Die Burggebäude gingen vom Landgrafen von Hessen zu Lehen. Die verfallene Burg wurde 1768 bis 1775 von Grund auf neugebaut, der abgebrannte Wirtschaftshof ab 1782. 1803 kaufte eine Frau von Wassenaer den Besitz, den sie 1840 ihrem Ehemann Baron Geyr in die Ehe brachte. 1961 erwarb die Gemeinde Sechtem Burg und Land und veräußerte die Burg 1971 an die langjährigen Mieter, Familie Schuhmacher. Das in den letzten Jahrzehnten durchreparierte Gebäude ist ungewöhnlicherweise dreigeschossig in der Form einer Maison de Plaisance. Die schlichte Fassadengestaltung ist auf den nicht ritterbürtigen Status der Familie zurückzuführen, das oberste Stockwerk wurde im 19. Jh. aufgesetzt.

Serviceteil:

Bus und Bahn

• Deutsche Bahn DB
www.bahn.de, Zentrale Fahrplanauskunft telefonisch: 0 18 05 - 99 66 33
Radfahrer-Hotline: 0 18 05 / 15 14 15
Täglich 08.00 – 20.00 Uhr

• Verkehrsverbund Rhein-Sieg (VRS) – Bahn und Bus mit Fahrrad
Kundentelefon 02 21 / 2 08 08 - 0,
www.vrsinfo.de
Fahrradmitnahme eingeschränkt möglich.

DB-Bahnhöfe:

Alfter, Bonn, Bornheim, Brühl, Meckenheim, Rheinbach, Swisttal-Odendorf, Weilerswist, Wesseling

Diverse Haltepunkte der Stadtbahnlinien „18" zwischen Bad Godesberg und Brühl, und Stadtbahnlinie „16" zwischen Bonn und Köln

Busverzeichnis

- **RVK: Regionalverkehr Köln**
  www.rvk.de,
  Infohotline: 0 18 04 - 13 13 13
- **VRS: Verkehrsverbund Rhein-Sieg**
  Internet: www.vrsinfo.de,
  Infohoteline: 0 18 03 / 50 40 30
- **KVB: Köln und Umland**
  www.kvb-koeln.de,
  Infohotline: 0 18 03 / 50 40 30
- **REVG: Rhein-Erft Kreis**
  www.revg.de,
  Infohotline: 0 22 34 / 18 06 - 0

ADFC

www.adfc.de, www.adfc.nrw.de,
ADFC Bonn / Rhein-Sieg e.V., 53031 Bonn, Tel.: 02 28 - 63 00 15
ADFC RadHaus Bonn, Breite Str. 71, 53111 Bonn, Tel.: 02 28 - 6 29 63 64
ADFC Brühl, 50321 Brühl, Tel.: 0 22 32 - 2 39 80, www.adfc.rhein-erft.de

Bett und Bike:

www.bettundbike.de

Infostellen:

- **Tourismus & Congress GmbH Region Bonn/Rhein-Sieg/ Ahrweiler**, Konrad-Adenauer-Allee 131, 53113 Bonn, Tel.: 02 28 - 91 04 10, www.bonn-region.de
- **Bonn Information**, Windeckstraße 1 / am Münsterplatz, 53111 Bonn, Tel.: 02 28 / 77 50 - 00 www.bonn.de
- **Brühl Info**, Uhlstraße 3, 50321 Brühl, Tel.: 0 22 32 / 79 - 345, www.bruehl.de
- **Rhein-Voreifel Touristik e.V.**, Rathausstr. 34, 53343 Wachtberg, Tel.: 02 28 - 95 44 - 100, www.rhein-voreifel-touristik.de
- **Rhein-Erft Tourismus e.V.** Europaallee 33, 50226 Frechen, Tel.: 0 22 34 - 9 55 68 - 30, www.rhein-erft-tourismus.de,
- **Gemeinde Alfter**, Rathausstr. 7, 53347 Alfter, Tel.: 02 28 - 64 84 - 0, www.alfter.de
- **Stadt Bornheim**, Rathausstr. 2, 53332 Bornheim, Tel.: 0 22 22 - 9 45 - 0, www.bornheim.de
- **Stadt Meckenheim**, Bahnhofstr. 22, 53340 Meckenheim, Tel.:0 22 25 - 9 17 - 170, www.meckenheim.de
- **Rheinbach**, Schweigelstr.23, 53359 Rheinbach, Tel.: 02 22 6 - 9 17 - 2 31, www.rheinbach.de
- **Gemeinde Swisttal**, Rathausstr. 115, 53913 Swisttal, Tel.: 0 22 55 - 3 09 - 6 51, www.swisttal.de
- **Gemeinde Wachtberg**, Rathausstr. 34, 53343 Wachtberg, Tel.: 02 28 - 95 44 - 1 77, www.wachtberg.de
- **Stadt Wesseling**, Alfons-Müller-Platz, 50389 Wesseling, Tel.: 0 22 36 - 7 01 - 0, www.wesseling.de
- **Naturpark Kottenforst-Ville**, Willy-Brandt-Platz 1, 50126 Bergheim, Tel.: 0 22 71 - 83 42 - 10, www.naturpark-kottenforst-ville.de
- **Haus der Natur**, Himmeroder Wall, 53359 Rheinbach, Tel.: 0 22 26 - 23 43
- **Eifel Tourismus GmbH**, Kavariebergstr. 1, 54595 Prüm, 0 65 51 - 96 56 - 0, www.eifel.de

Radstationen

- **Radstation am Hbf**, Quantiusstr. 26, 53115 Bonn, Tel.: 02 28 - 9 81 46 36
- **Velo Deckers Bonn**, Borsigallee 9, 53125 Bonn, Tel. 02 28 - 2 39 74 60
- **Radstation Brühl**, Max-Ernst-Allee 2a, 50321 Brühl, Tel.: 0 22 32 - 95 07 61

Fahrradfachgeschäfte in der Region, z.T. auch mit Verleih (eine Auswahl):

- **Alfter**
  Velo Deckers, Lukasgasse 6, Tel.: 0 22 22 - 25 91
- **Bornheim**
  Zweirad Luft, Königstr. 81a, Tel.: 0 22 22 - 33 04
- **Meckenheim**
  Fahrradhaus Bertram, Hauptstr. 48, Tel.: 0 22 25 - 22 72, www.fahrradhaus-bertram.de
  Rad + Sport, Auf dem Steinbüchel 2, Tel.: 0 22 25 - 70 03 54
- **Rheinbach**
  Velo Deckers Rheinbach, Kleine Heeg 13, Tel.: 0 22 26 - 91 58 53
  Bike Basics, Boschstr. 12, Tel.: 0 22 26 - 90 07 64
  Zweirad Schmitt, Vor dem Dreeser Tor 19, Tel.: 0 22 26 - 90 09 87
- **Swisttal-Heimerzheim**
  Velo Deckers Heimerzheim, Kölner Str. 75, Tel.: 0 22 54 - 84 73 14
- **Wachtberg-Berkum**
  Fahrradtreff Wachtberg, Rathausstr. 27, Tel.: 02 28 - 34 77 60
- **Weilerswist**
  Radshop-Hockelmann, Martin-Luther-Str. 21, Tel. 0 22 54 - 65 48

Schwimmbäder

- **Bonn**
  Frankenbad, Adolfstr. 45, Tel.: 02 28 / 77 24 62
  Viktoriabad, Franziskanerstr. 9, Tel.: 02 28 - 77 24 58
  Kürfürstenbad, Bad Godesberg, Kurfürstenallee 7a, Tel.: 02 28 - 35 39 86
  Römerbad, Eduard-Spoelgen-Str. 11, Tel.: 02 28 - 67 76 11
  Melbbad, Bonn-Poppelsdorf, Trierer Str. 59, Tel.: 02 28 - 77 24 61
  Freibad Rünsdorf, Bad Godesberg, Am Schwimmbad 8, Tel.: 02 28 - 33 13 24
  Freibad Friesdorf, Bad Godesberg, Margaretenstraße 14, Tel.: 02 28 - 31 11 50

Hallenfreibad Hardtbergbad, Duisdorf, In der Dehlen, Tel.: 02 28 - 62 62 18

- **Bornheim HallenFreizeitBad**, Rilkestr. 3, Tel.: 0 22 22 - 37 16
- **Meckenheim Hallenfreizeitbad**, Siebengebirgsring 6, Tel.: 0 22 25 - 91 74 75
- **Rheinbach monte mare Freizeitbad**, Münstereifeler Straße 69, Tel. 0 22 26 - 90 30 - 0, www.monte-mare.de
- **Wachtberg Hallenbad Berkum**, Oberdorfstraße, Tel.: 02 28 -34 30 24, www.hallenbad-wachtberg.de
- **Brühl KarlsBad/Saunapark**, Kurfürstenstraße 40, Tel.: 0 22 32 - 702 - 270
- **Wesseling Gartenhallenbad und Schulschwimmbad**, Saarlandstrasse, Tel.: 0 22 36 - 37 51 38

Taxi: (eine Auswahl)

- **Alfter Taxi Merzbach**, Tel.: 0 22 22 - 40 63
- **Bonn Bonner Funktaxi Zentrale**, Tel.: 02 28 - 55 55 55
- **Brühl Taxi Keulen**, Tel.: 0 2232 - 3 11 11
- **Bornheim Taxiruf Bornheim**, Tel.: 0 22 27 - 91 11 11
- **Meckenheim Wessel-Taxi**, Tel.: 0 22 25 - 51 64
  Wallrath, G., Tel.: 0 22 25 - 1 00 99
  Wenzel S., Tel.: 0 22 25 - 55 00
- **Swisttal Taxi Zock**, Tel.: 0 22 54 - 71 20
- **Wachtberg: Taxi Krella**, Tel.: 02 28 - 32 57 77
  Taxi Kuhl, Tel.: 02 28 - 34 07 07
- **Wesseling Schmitz**, Tel.: 0 22 36 - 4 44 88
  Taxi Ruf Dilan, Tel.: 0 22 36 - 55 55

Organisierte Radreisen:

- **Velo Natur „Fahrradreisen"**, Waldstr. 18, 53343 Wachtberg-Villiprott, Tel.: 02 28 - 32 16 33 oder 32 11 00
- **Statt Reisen – Bonn erleben e.V.**, Hauptbahnhof Bonn, Nordflügel, 1. Stock, 53111 Bonn, Tel.: 02 28 - 65 45 53, www.stattreisen-bonn.de
- **Radtouren der Ortsgruppen des ADFC**, siehe auch ADFC

Museen:

Informationen zu den verschiedenen Museen in Bonn und Umgebung: Bonn Information, Windeckstraße 1/am Münsterplatz, Tel.: 02 28 - 77 50 00, www.bonn-region.de, www.rhein-sieg.city-map.de

- **August-Macke-Haus**, Bornheimer Straße 96, Tel.: 02 28 - 65 55 31
- **Deutsches Museum Bonn**, Ahrstraße 45, Tel.: 02 28 - 30 22 55
- **Das Schumannhaus**, Sebastianstraße 182, Tel.: 02 28 - 77 36 56
- **Ernst Moritz Arndt Haus**, Adenauerallee 79, Tel.: 02 28 - 24 14 35
- **Frauenmuseum**, Im Krausfeld 10, Tel.: 02 28 - 69 13 44
- **Glasmuseum Rheinbach**, Himmeroder Wall 6, 53359 Rheinbach, Tel.: 0 22 26 - 92 74 10, www.glasmuseum-rheinbach.de
- **Haus der Geschichte der B.R.D**, Adenauerallee 250, Tel.: 02 28 - 9 16 50
- **Haus der Natur**, Im Himmeroder Hof, Himmeroder Wall 6, 53359 Rheinbach, Tel.: 0 22 26 - 23 43, www.naturpark-kottenforst-ville.de
- **Heimamuseum Villip**, Heimatverein Villip, Herr Dieter Greif, Tel.: 02 28 - 32 53 81
- **Kunstmuseum Bonn**, Friedrich-Ebert-Allee 2, Tel.: 02 28 - 77 62 60
- **Kunst und Ausstellungshalle der B.R.D.**, Friedrich-Ebert-Allee 4, Tel.: 02 28 - 91 71 - 0
- **Kutschenmuseum**, Fahrstall Mostert, Koblenzer Str. 4, 53359 Rheinbach, Tel.: 0 22 26 - 44 93
- **Museumsstube Buschhoven** – Kinderzeit und Altertümchen, Am Steinrausch 27, 53913 Swisttal-Buschhoven, Tel.: 0 22 26 - 1 66 69
- **Museumsstube Alexander Koenig**, Adenauerallee 160, Tel.: 02 28 - 9 12 20
- **Obstbau-Museum**, Bonn-Brühler-Straße 14, 53332 Bornheim-Merten, Tel.: 0 22 27 - 33 21, www.museumstube-buschhoven.de
- **Rheinisches Landesmuseum Bonn**, Colmantstraße 14-16, Tel.: 02 28 -
- **Rheinisches Industriemuseum (Tuchfabrik Müller)**, Karl-Koenen-Straße, 53881 Euskirchen-Kuchenheim, Tel.: 0 22 51 - 14 88 - 0

Hotelverzeichnis (Auswahl)

Name	Ort	Straße	Telefon	Rollstuhl*
Alfter				
Alanus Werk- und Gästehaus	Alfter	Johannishof	(02222) 932115	(ja)
Gasthaus Viktoria	Alfter	Knipsgasse 25	(02222) 979030	nein
Gästehaus Alfter	Alfter	Holzgasse 3	(02222) 936733	nein

Name	Ort	Straße	Telefon	Rollstuhl*
Hotel Zur Krone	Alfter	Kronenstraße 17	(02222) 2889	nein
Spargel Weber	Alfter	Knipsgasse 24	(02222) 2279	nein
Ferienwohnung Thöne	Witterschlick	Hauptstraße 180	(0228) 746971	nein
Lambertushof	Witterschlick	Hauptstraße 238	(0228) 645014	nein
Bonn				
Aigner	Bonn	Dorotheenstraße 12	(0228) 604060	nein
Europa	Bonn	Thomas-Mann-Str. 7	(0228) 60880	nein
Hotel Beethoven	Bonn	Rheingasse 26	(0228) 631411	nein
Insel Hotel	Bad Godesberg	Theaterplatz 5-7	(0228)35000	nein
Hotel Kottenforst	Röttgen	Reichsstraße 67	(0228) 919220	nein
Jugendherberge	Venusberg	Haager Weg 42	(0228) 289970	ja
Bornheim				
Hotel Garni Bonnem-Inn	Bornheim	Kalkstraße 4	(02222) 94 05-0	nein
Hotel-Cafe „Heimatblick“	Roisdorf	Brombeerweg 1	(02222) 919810	nein
Gasthaus & Pension „Alte Dorfschenke“	Roisdorf	Bonner Str. 37	(02222) 2578	nein
Hotel Waldhof	Merten	Schebenstr. 21	(02227) 92 45 92	nein
Uedorfer Hof	Uedorf	Aggerstraße 28	(02222) 8675	ja
Hotel-Restaurant „Zum Dorfbrunnen“	Waldorf	Schmiedegasse 35	(02227) 88-0	nein
Brühl				
Schmalztöpfchen	Brühl	Römerstr. 247	(02232) 29699	nein
Jägerhof	Brühl	Euskirchener Str. 130	(02232) 93400	(ja)
Ramada-Treff	Brühl	Römerstr. 1	(02232) 204-0	nein
Rheinischer Hof	Brühl	Euskirchener Str. 123	(02232) 93301-0	nein
Am Stern	Brühl	Uhlstr. 101-103	(02232) 1800-0	ja
Pension Welter	Brühl	Vorgebirgsstraße 3	(02232) 32003	nein
Meckenheim				
City-Hotel	Meckenheim	Bonner Straße	(02225) 6095	ja
Hotel Garni	Meckenheim	Neuer Markt 14	(02225) 94440	nein
Hotel Zwei Linden	Meckenheim	Merler Straße 1	02225) 9 42 00	ja

Name	Ort	Straße	Telefon	Rollstuhl*
Hotel Merler Hof	Merl	Godesberger Straße 38	(02225) 702852	nein
Ohm Hein	Altendorf	Ahrstraße 16	(02225) 77 95	nein
Pension „Tante Lotti“	Lüftelberg	Petrusstraße 3	(02225) 1 25 63	nein
Rheinbach				
Bierhaus Dröv ***	Rheinbach	Koblenzer Straße 20	(02226) 90490	nein
Hotel Haus Streng	Rheinbach	Martinstr. 14-20	(02226) 2361	nein
Hotel Dorn	Rheinbach	Segerstr. 6	(02226) 12920	nein
Hotel Nord	Rheinbach	Bruckstr. 6	(02226) 1570	ja
Haus Dahlem	Wormersdorf	Unterdorf 4-6	(02225) 5077	nein
„Zu den vier Winden“	Kurtenberg	Kurtenberg Nr. 2	(02226) 6034	nein
Zur Dorfschenke	Wormersdorf	Unterdorf 2	(02225) 2701	nein
Swisttal				
Am Römerkanal	Buschoven	Alte Poststraße 77	(02226) 4442	nein
Hotel Weidenbrück	Heimerzheim	Nachtigallenweg 27	(02254) 6030	(ja)
Hotel Adler	Odendorf	Flamersheimer Straße 2	(02255) 6837	nein
Zur Post	Miel	Bonner Straße 16	(02226) 4333	nein
Wachtberg				
Hotel Gasthof „Zu den Linden“	Berkum	Rathausstr. 24	(0228) 343063	nein
Hotel Görres ***	Villip	Holzemer Str. 1	(0228) 324416	ja
Hotel Wiesenau	Pech	An der Wiesenau	(0228) 951930	ja
Gasthof Henseler	Villip	Villiper Hauptstr. 24	(0228) 322777	nein
Pension John	Arzdorf	Servatiusweg 2	(02225) 2963	nein
Hotel Dahl***	Niederbachem	Heideweg 9	(0228) 629030	ja
Weilerswist				
Marktschänke (Fremdenzimmer)	Lommersum	Brabanterstr. 7	(02251) 72028	nein
Josef Baumann, Gutshof	Vernich	Heimbacher Str. 62	(02254) 2181	nein
International-Deutsches Haus	Weilerswist	Kölner Str. 85	(02254) 846913	nein
„Zum Schwan“ - Weinstube	Weilerswist	Kölner Str. 99	(02254) 82363	ja
Pension „Zum Schwan“	Metternich	Bergstr. 20	(02254) 847066	(ja)

Name	Ort	Straße	Telefon	Rollstuhl*
Wesseling				
Hotel am Rhein	Wesseling	Kölner Str 38 - 40	(02236) 325-0	ja
Hotel Central	Wesseling	Konrad-Adenauer-Str. 2	(02236) 929440	nein
Hotel Haus Barum	Wesseling	Bonner Str. 83	(02236) 943910	nein
Hotel Hermes-Garni	Wesseling	Ludewigstr. 35	(02236) 45000	nein
Kölner Hof	Wesseling	Kölner Str 83	(02236) 42841	nein

* Unterkunft für Rollstuhlfahrer (nach eigenen Angaben)

Gaststätten-/Restaurantverzeichnis (Auswahl)

Name	Ortsteil	Straße	Telefon	Bierg/Terr	Ruhetag	Rollstuhl*
Alfter						
Spargel Weber	Alfter	Knipsgasse 24	(02222) 2279	nein	-	(ja)
Gaststätte „Zur Linde“	Volmershofen	Kottenforststraße 82	(0228) 642251	ja	Fr	ja
Gaststätte „Im Mühlengrund“	Impekoven	Ahrweg 51	(0228) 641636	ja	Mo	nein
China Restaurant „Gourmet Garten“	Oedekoven	Alfterer Straße 2	(0228) 9649336	ja	-	nein
Gaststätte „Zur Nachtigall“	Oedekoven	Wegscheid 17	(0228) 641220	ja	Di	nein
Hotel-Restaurant „Lambertushof“	Witterschlick	Hauptstraße 238	(0228) 645015	nein	-	nein
Bonn						
Weinhäuschen	Mehlem	Fährstraße 26	(0228) 362756	ja	Mo	nein
Biergarten Alter Zoll	Bonn	Am Braasertufer	(0228) 241243	ja	-	nein
Waldau	Venusberg	An der Waldau 50	(0228) 281884	Ja	Mo	(ja)
Biergarten auf der Godesburg	Bad Godesberg	Auf dem Godesberg 5	(0228) 316071	ja	Mo	(ja)
Bastei	Bad Godesberg	Von Sandt-Ufer1	(0228) 3680433	ja	-	nein
Bornheim						
Bistro im Römerhof	Brenig	Golfanlage Römerhof	(02222) 92930	ja	-	ja
Alter Hof	Merten	Regerstraße 6	(02227) 912491	nein	Mo	(ja)
Waldhof	Merten	Schebenstr. 21	(02227) 92 45 92	nein	-	nein

Name	Ortsteil	Straße	Telefon	Bierg/Terr	Ruhetag	Rollstuhl*
Heimatblick	Roisdorf	Brombeerweg 1	(02222) 919810	ja	-	(ja)
Zum Dorfbrunnen	Waldorf	Schmiedegasse 36	(022272) 88-0	nein	-	nein
Rheinterrassen	Widdig	Römerstraße 99-101	(02236) 922020	ja	-	ja
Brühl						
Alt Brühl	Brühl	Sürther Str. 160	(02232) 760538	ja	(Mo-Mi)	ja
Bauhaus am Schloß	Brühl	Am Bundesbahnhof 2	(02232) 943467	ja	Mo	ja
El Patio	Brühl	Kempishofstr. 11-13	(02232) 943478	ja	-	ja
Kaiserbahnhof	Brühl	Kierberger Str. 158	(02232) 25581	ja	Mo-Di	nein
Watu - Wasserturm	Brühl	Liblarer Str. 181	(02232) 200070	ja	Mo	nein
Meckenheim						
Gasthof zur Post	Altendorf	Burgstraße 10	(02225) 7040250	ja	Mi	nein
Ohm Hein	Altendorf	Ahrstraße 16	(02225) 77 95	ja	Di	nein
Bahnhofsgaststätte Kottenforst	Lüftelberg	Kottenforststraße	(02225) 73 22	ja	Di	nein
Zum Brotbäcker	Meckenheim	Bonner Str. 25	(02225) 5850	ja	-	ja
Eiscafé Forum	Meckenheim	Neuer Markt 46	(02225) 836781	ja	-	(ja)
Bierhaus Rausch	Meckenheim	Hauptstraße 80	(02225) 17765	ja	Di	(ja)
Rheinbach						
Bierhaus Dröv	Rheinbach	Koblenzer Straße 20	(02226) 90490	ja	-	nein
Brauhaus Rheinbach	Rheinbach	Wilhelmsplatz 1	(022 26) 913800	ja	-	(ja)
Hofkonditorei	Wormersdorf	Ellig 1	(02225)	ja	-	nein
Parkcafé im Freizeitpark	Rheinbach	Münstereifeler Straße	(022 26) 10841	ja	-	ja
Café im Himmeroder Wall	Rheinbach	Himmeroder Wall	(022 26) 16459	ja	-	ja
Conditorei Café Löhrer	Rheinbach	Uhlandweg 2-4	(022 26) 2250	ja	-	(ja)
Swisttal						
Zum Römerkanal	Buschoven	Alte Poststraße 77	(02226) 4442	ja	Di	nein
Hotel Weidenbrück	Heimerzheim	Nachtigallenweg 27	(02254) 6030	ja	-	ja
Schloss Restaurant Graf Belderbusch	Miel	Schlossallee 17	(02226) 906195	ja	-	ja
Alt Morenhoven	Morenhoven	Swiststraße 98	(02226) 12220	ja	Di	nein
Restaurant Hofgarten	Ollheim	Breite Straße 18	(02255) 948900	ja	Di	ja

Name	Ortsteil	Straße	Telefon	Bierg/Terr	Ruhetag	Rollstuhl*
Wachtberg						
Wiesenau	Pech	An der Wiesenau	(0228) 951930	ja	-	ja
Bistro, Café am Rathaus	Berkum	Rathausstr. 28	(0228) 9433336	ja	-	(ja)
Burg Münchhausen	Adendorf	Burg Münchhausen 1	(02225) 948369	ja	Mo	nein
Landgasthof Gut Broichhof	Rodderberg	Broichhof	(0228) 9348545	ja	-	(ja)
Waldesruh	Villiprott	Dorfstraße 62	(0228) 325488	ja	-	nein
Weilerswist						
Zum Schwan	Metternich	Bergstr. 20	(02254) 847066	ja	Di	ja
Zum Schwan - Weinstube	Weilerswist	Kölner Str. 99	(02254) 82363	ja	Mo	ja
Croatien	Weilerswist	Kölner Str. 174	(02251) 2197	ja	-	nein
Eis-Café Napoli	Weilerswist	Deutscher Platz 3	(02254) 846768	ja	-	nein
Waldhof	Weilerswist	Kölner Str. 260	(02254) 3152	ja	Mo	ja
Wesseling						
Hotel am Rhein	Wesseling	Kölner Str. 38 - 40	(02236) 325-0	ja	-	ja
Hutschachtel	Wesseling	Bahnhofstr. 22	(02236) 1790	nein	-	nein
Kulisse Café	Wesseling	Kölner Str. 16	(02236) 42523	-	-	nein
Pizzeria Café „Am Entenfang“	Wesseling	Entenfangstr. 67	(02232) 51703	ja	-	nein

* Toilettenzugang für Rollstuhlfahrer (nach eigenen Angaben)

Index

Orte

Burgen

Weitere Sehenswürdigkeiten und Besonderheiten